# EXORCISTES

## VINGT SIÈCLES DE LUTTE CONTRE LE DIABLE

YVES CHIRON

# EXORCISTES

## VINGT SIÈCLES DE LUTTE CONTRE LE DIABLE

MAME

MAME

Direction : Guillaume Arnaud
Direction éditoriale : Sophie Cluzel
Édition : Vincent Morch
Direction artistique : Armelle Riva
Direction de fabrication : Thierry Dubus
Fabrication : Marie Guibert-Tribout
Mise en page : Text'Oh (Dole)


www.mameeditions.com
ISBN : 978-2-7289-3387-7
MDS : MM33877

# INTRODUCTION

L'exorcisme est aussi ancien que l'Église. *Exorcizare* en latin, *exorkizein* en grec (littéralement « adjurer ») signifie chasser le démon qui est entré en possession d'une personne. À plusieurs reprises, le Christ a expulsé des démons et il a donné à ses apôtres et à ses disciples le pouvoir de le faire en son nom. Parce que la lutte contre Satan durera jusqu'à la fin des temps.

Aujourd'hui, dans nos sociétés déchristianisées, la croyance au diable s'est estompée. En 1996, selon un sondage Ipsos, 28 % des Français disaient croire au diable (15 % répondant « Oui, certainement » et 13 % répondant « Oui, sans doute »)[1]. En 2023, selon un sondage de l'Ifop, le chiffre est à peu près le même : 24 % des Français disent croire au diable[2]. Mais, paradoxalement, les croyances au paranormal progressent : le même sondage de 2023 indique que 28 % des Français croient en la réincarnation et 32 % en l'astrologie.

Si on croit peu au diable, on remarque que celui-ci exerce pourtant une large fascination. Elle se traduit par le succès des films ou des séries TV qui évoquent sa figure et la pratique des exorcismes, ou encore par l'attrait des jeunes pour le satanisme et la sorcellerie. Celui-ci s'exprime à travers le succès d'ouvrages apparemment anodins (telle la série *Harry Potter*) ou de groupes musicaux rock qui se revendiquent du satanisme.

L'Église catholique, au moins dans certains pays, est en partie responsable de cette méconnaissance du diable et de son action, y compris chez les pratiquants. Il y a plus de cinquante ans déjà, le

1. Sondage Ipsos en date du 21 septembre 1996, consultable sur le site de l'Ipsos.
2. Sondage Ifop en date du 3 mars 2023, consultable sur le site de l'Ifop.

cardinal Garrone notait : « C'est à peine si on ose aujourd'hui en parler, il règne sur la question du démon une sorte de conspiration du silence[1]. » Depuis plusieurs décennies, le diable et l'enfer font très rarement l'objet de prédications lors de la messe. Dans la formation même des prêtres, c'est un enseignement qui a été longtemps négligé. En 1999, Mgr Dubost, alors évêque aux armées, en convenait : « Je fais partie d'une génération qui n'a pas beaucoup reçu d'enseignement sur le Malin et qui, sans doute, n'en a pas beaucoup donné[2]. »

Pourtant, l'existence du diable fait partie des vérités de foi. « Diable » (*diabolos*, en grec) est un terme générique qui signifie : « celui qui divise », « celui qui accuse », « celui qui trompe ». « Satan » (*sâtan*, en hébreu) a, à peu près, la même signification : « l'adversaire », « l'accusateur ». « Démon » (*daímōn*, en grec) signifie « esprit mauvais ».

Quel que soit le terme employé, il ne s'agit pas d'une entité unique, encore moins d'une personnification du Mal qui serait un principe éternel opposé à Dieu. En réalité, il faudrait parler de « démons » au pluriel car, selon la théologie catholique, les démons sont des anges déchus. Ils ont été créés par Dieu, comme tous les anges. Ils se sont révoltés contre Dieu, ils ont « radicalement et irrévocablement *refusé* Dieu et son règne », dit le *Catéchisme de l'Église catholique* (n° 392). Comme l'a enseigné le IVe concile du Latran, en 1215 : « Le diable et les autres démons ont été créés par Dieu bons par nature, mais ce sont eux qui se sont rendus eux-mêmes mauvais[3]. »

Comme les bons anges, ils sont de purs esprits, sans corps, qui ne sont « contraints ni par l'espace, ni par la matière, ni par le temps[4] ». Mais ils sont devenus des « esprits impurs », selon l'expression employée par Jésus (Mc 5, 8). Combien sont-ils ?

1. Cardinal G.-M. GARRONE, *Que faut-il croire ?*, Paris, Desclée, 1967, p. 161.
2. Mgr M. DUBOST, préface à M.-A. Fontelle, *Comprendre et accueillir l'exorcisme*, Paris, Pierre Téqui, 1999, p. 5.
3. *Les Conciles œcuméniques*, t. II, *Les Décrets*, vol. 1, Paris, Éd. du Cerf, 1994, p. 495.
4. Père G. JEANGUENIN, *Le diable existe ! Un exorciste témoigne et répond aux interrogations*, Paris, Salvator, 2009, p. 24.

L'Église, dans son Magistère, n'a jamais donné de nombre. Certains commentateurs ont interprété le passage de l'Apocalypse où le Dragon « balaie le tiers des étoiles du ciel et les précipite sur la terre[1] » (Ap 12, 4) comme l'indication qu'un tiers des anges s'étaient révoltés et étaient devenus des démons. Au V<sup>e</sup> siècle, le Pseudo-Denys, dans sa *Hiérarchie céleste*, divisera les démons en légions. En référence à la fois à la structure traditionnelle de la légion romaine – qui comptait 6 000 hommes –, et au chiffre de la Bête dans l'Apocalypse – 666 –, il affirmait que les légions infernales comptaient chacune 6 666 démons. Au XVI<sup>e</sup> siècle, le médecin et démonologue Johann Wier aboutira, dans le *De praestigiis daemonum*, à un chiffre de 7 405 926 démons (soit 1 111 légions de 6 666 démons) ! Il est plus prudent de s'en tenir à ce passage de l'évangile selon saint Marc où un démon, sommé par le Christ de révéler son nom, répond : « Légion est mon nom, car nous sommes beaucoup » (Mc 5, 9).

Un démon, étant pur esprit, peut être présent dans le corps d'une personne ou de plusieurs personnes à la fois. Inversement, une personne possédée peut être tourmentée par plusieurs démons. Le Christ a chassé « sept démons » du corps de Marie Madeleine (Lc 8, 2 et Mc 16, 9) ; mère Jeanne des Anges, la prieure du célèbre couvent des ursulines de Loudun au XVII<sup>e</sup> siècle, était, elle aussi, on le verra, possédée par sept démons, qui ne seront chassés qu'après des exorcismes qui dureront cinq ans.

Les démons sont donc nombreux, et depuis leur chute agissent dans le monde par haine de Dieu. La première œuvre du diable a été d'inciter le premier homme au péché originel : « Quant à l'homme, c'est à l'instigation du démon qu'il a péché », enseigne le IV<sup>e</sup> concile du Latran ; « la plus grave en conséquences de ces œuvres [les œuvres du diable] a été la séduction mensongère qui a induit l'homme à désobéir à Dieu », dit le *Catéchisme de l'Église catholique* (n° 395).

1. Nous citons ici *La Bible de Jérusalem* dans sa nouvelle édition revue, corrigée, augmentée, Paris, Desclée de Brouwer, 2000.

À travers le temps et à travers l'histoire, le diable ne cesse de détourner les hommes de Dieu. Le concile Vatican II l'a rappelé : « Un dur combat contre les puissances des ténèbres passe à travers toute l'histoire des hommes ; commencé dès les origines, il durera, le Seigneur nous l'a dit, jusqu'au dernier jour. Engagé dans cette bataille, l'homme doit sans cesse combattre pour s'attacher au bien ; et ce n'est qu'au prix de grands efforts, avec la grâce de Dieu, qu'il parvient à réaliser son unité intérieure » (*Gaudium et spes*, n° 37). D'où l'avertissement de saint Pierre dans sa première épître : « Soyez sobres, veillez. Votre partie adverse, le diable, comme un lion rugissant, rôde, cherchant qui dévorer. Résistez-lui, fermes dans la foi » (1 P 5, 8-9).

L'action du diable s'est toujours exercée à différents niveaux. Il y a d'abord la simple *tentation* : l'incitation au péché que connaissent tous les hommes, pour « les détourner de la loi de Dieu », disait Jean-Paul II (13 août 1986). Mais saint Thomas d'Aquin avertit que « le diable n'est pas cause du péché d'une manière directe ou suffisante, mais uniquement de la façon de quelqu'un qui persuade, ou à la façon de quelqu'un qui propose une chose désirable » ; « si la raison n'est pas complètement liée, par ce qu'elle a de libre elle peut résister au péché [...] ainsi il est bien clair que le diable ne peut en aucune façon amener fatalement l'homme à pécher » ; « le diable n'est pas la cause de toutes les fautes des hommes, à ce point d'insinuer chacune d'elles en particulier »[1].

Si la *tentation* est l'action ordinaire du diable, il y a aussi ses actions extraordinaires, plus rares. D'abord l'*infestation* des lieux ou des objets. Un exorciste a témoigné : « Je me souviens d'un cas d'infestation maléfique. Il s'agissait d'un appartement qui était envahi d'une puanteur aussi nauséabonde qu'insupportable et personne ne pouvait donner d'explication quant à son origine. Après avoir exorcisé l'endroit, ces odeurs de putréfaction disparurent mystérieusement[2]. » Ces infestations, explique-t-il, ont généralement pour origine soit les « anciens occupants de la

1. Thomas d'Aquin, *Somme théologique*, Ia IIae, q. 80, art. 1, 3 et 4.
2. Père G. Jeanguenin, *Le diable existe !*, p. 52.

maison (vivants ou défunts) qui ont été impliqués dans la magie, la sorcellerie, des activités occultes, des crimes, suicides, meurtres… », soit « des objets consacrés au démon, à des divinités ou à des gourous : tableaux, statuettes, photographies »[1].

Il y a aussi la *vexation*, qui est une attaque extérieure du démon contre les personnes, et qui peut se manifester sous différentes apparences : un animal, une personne connue, une femme, etc. La vie de nombreux saints en est remplie. Saint Padre Pio, le célèbre capucin stigmatisé mort en 1968, lorsqu'il était jeune religieux, a décrit dans les lettres à son directeur spirituel comment « Barbe Bleu » ou « le Cosaque » – comme il appelait le diable – venait le tourmenter dans sa cellule, jusqu'à le battre ou se présenter à lui sous les formes les plus diverses[2].

Il y a ensuite l'*obsession*, qui est encore un assaut externe du démon. Mais c'est une idée fixe d'ordre intellectuel ou psychologique, contre Dieu, sa loi, la foi. Le diable agit sur l'imagination, la mémoire ou la sensibilité de la personne.

La forme la plus élevée, c'est-à-dire la plus grave, de l'action du démon est la *possession*. Cette fois, c'est une intrusion, une action interne du démon qui agit sur le corps humain. Extérieurement, cette possession peut se traduire par des actes désordonnés, des contorsions du corps, des paroles blasphématoires, mais aussi des troubles physiques ou psychiques, ou encore des maladies. Bien sûr, les troubles physiques ou psychiques ne sont pas tous causés par une possession diabolique : il faudra rechercher d'autres signes. Le *Rituel de l'exorcisme* en usage aujourd'hui donne, dans ses *Praenotanda* (« Préliminaires »), n° 16, comme signes visibles de la possession : « Le fait de parler ou de comprendre une langue inconnue, de dévoiler des faits lointains ou cachés ; de faire preuve de forces qui dépassent, selon l'âge ou la condition, les forces naturelles[3]. » Mais, précise le *Rituel*, « il faut de plus être attentif à d'autres signes, principalement d'ordre moral et spirituel qui, d'une

1. Père G. Jeanguenin, *Le diable existe !*, p. 52.
2. Voir Y. Chiron, *Padre Pio, le stigmatisé*, Paris, Perrin, 1989 ; édition de poche : coll. « Tempus », 2004.
3. *Rituel de l'exorcisme et prières de supplication*, Paris, Desclée-Mame, 2006, p. 22.

autre manière, manifestent l'intervention diabolique, comme par exemple une aversion violente envers Dieu, le saint Nom de Jésus, la bienheureuse Vierge Marie et les Saints, l'Église, la Parole de Dieu, les choses et les rites, en particulier ceux qui touchent aux sacrements, les images saintes ».

L'Église a toujours combattu le démon. Par les moyens ordinaires – la prière, le jeûne, les sacrements – et par un moyen extraordinaire : l'exorcisme, pratiqué pour chasser le démon. Depuis le Christ, qui a chassé de nombreux démons, et les apôtres et disciples qui tenaient ce pouvoir de lui, l'exorcisme a pris différentes formes au fil du temps. Progressivement, sa pratique a été réservée à des prêtres spécifiquement désignés par l'évêque.

Des formules d'exorcisme se sont répandues dès les premiers siècles, avant que certaines soient recueillies dans les livres liturgiques à partir du IXe siècle[1]. Puis le *Rituel romain* promulgué par le pape Paul V en 1614, après le concile de Trente, a comporté un rituel des exorcismes qui a été en usage dans l'Église pendant des siècles. Un nouveau *Rituel des exorcismes* a été promulgué par le pape Jean-Paul II, en 1999, sans abolir le précédent.

L'exorcisme n'est pas un sacrement, mais une cérémonie liturgique de l'Église. Non pas une suite d'actes plus ou moins magiques, mais un *sacramental* qui produit « une grâce actuelle *ex opere operantis*, c'est-à-dire par l'intercession de l'Église, du mérite du ministre et des dispositions des fidèles[2] ». L'efficacité de l'exorcisme dépendra de la fidélité au rituel, des dispositions spirituelles de l'exorciste et de la bonne disposition de celui qui se fait exorciser.

Le *Rituel* actuel décrit précisément les différentes étapes du rite de l'exorcisme[3]. On les présentera dans le dernier chapitre, tout en respectant la volonté de l'Église de ne pas diffuser cet ouvrage dans le public pour éviter les utilisations frauduleuses par de faux exorcistes ou d'autres charlatans, voire l'usage inversé que

---

1. Fl. Chave-Mahir, *L'Exorcisme des possédés dans l'Église d'Occident (Xe-XIVe siècle)*, Turnhout, Brepols, 2011, p. 344-348.
2. Père J.-B. Golfier, *Tactiques du diable et délivrances*, Paris, Artège-Lethielleux, 2018, p. 546.
3. *Rituel de l'exorcisme*, p. 39-66.

pourraient en faire des satanistes. Notons seulement ici qu'il contient notamment des prières, des lectures de l'Écriture sainte, des gestes spécifiques (signe de la croix et exsufflation) et deux formules d'exorcisme.

On ne fera pas ici une histoire complète de l'exorcisme, ni une étude exhaustive des formules et des rituels qui se sont succédé. Mais il est possible de retracer une brève histoire de l'exorcisme en évoquant, au fil des siècles, différentes figures. Des saints qui furent aussi de grands exorcistes, comme saint Antoine et saint Hilarion de Gaza au IIIe siècle, saint Martin au IVe siècle, saint Bernard et sainte Hildegarde de Bingen au XIIe siècle. Et aussi d'autres exorcistes, moins connus, dont l'activité et les pratiques ont constitué un moment significatif de l'histoire de l'exorcisme à travers les siècles : le dominicain allemand Henri Institoris, auteur au XVe siècle du célèbre *Marteau des sorcières* ; le franciscain italien Girolamo Menghi, qui a publié au XVIe siècle plusieurs manuels d'exorcisme très répandus ; le capucin italien Matteo d'Agnone, mort en 1616, dont le procès de béatification est en cours ; le père Surin, jésuite, protagoniste de la célèbre affaire des « Diables de Loudun » au XVIIe siècle, qui fut aussi un grand auteur mystique ; l'abbé Gassner, mort en 1779, connu pour ses très nombreux exorcismes en Autriche et en Allemagne ; le père Amorth enfin, mort en 2016, sans doute le plus célèbre des exorcistes contemporains, qui a écrit de nombreux livres sur son expérience et qui a inspiré plusieurs films et documentaires.

CHAPITRE PREMIER

# LE CHRIST EXORCISTE ET L'EXORCISME DANS LES PREMIERS SIÈCLES

Les évangiles nous disent que Jésus, dans sa mission terrestre, a délivré « beaucoup de démoniaques » (Mt 8, 16), a chassé « beaucoup de démons » (Mc 1, 32-34) ; a fait sortir « un grand nombre de démons qui vociféraient » (Lc 4, 41). En Galilée, on lui présentait « tous les malades atteints de divers maux et tourments, des démoniaques, des lunatiques [épileptiques], des paralytiques, et il les guérit » (Mt 4, 24).

Les quatre évangiles évoquent le combat de Jésus contre le diable, avec des accentuations différentes. Trois évangélistes, Marc, Matthieu et Luc, rapportent la tentation de Jésus au désert, après son baptême. Le *Catéchisme de l'Église catholique* résume cet « événement mystérieux » en disant : « Satan Le tente par trois fois [...]. La victoire de Jésus sur le tentateur au désert anticipe la victoire de la Passion, obéissance suprême de son amour filial du Père » (n° 538-539). Ces mêmes évangélistes rapportent aussi des exorcismes pratiqués par Jésus.

Le quatrième évangéliste, Jean, ne raconte pas la tentation de Jésus au désert et ne rapporte pas d'exorcisme pratiqué par Jésus, mais il parle fréquemment du démon, de son action et de sa puissance. Il le qualifie d'« homicide dès le commencement [...]

menteur et père du mensonge » (Jn 8, 44), « Prince de ce monde » (Jn 12, 31 ; 14, 30 et 16, 11).

## SIX EXORCISMES DU CHRIST

Dans les évangiles, on relève six épisodes où le Christ délivre des possédés :

> Quand il [Jésus] fut arrivé sur l'autre rive, au pays des Gadaréniens, deux démoniaques, sortant des tombeaux, vinrent à sa rencontre, des êtres si sauvages que nul ne se sentait de force à passer par ce chemin. Les voilà qui se mirent à crier : « Que nous veux-tu, Fils de Dieu ? es-tu venu ici pour nous tourmenter avant le temps ? » Or il y avait, à une certaine distance, un gros troupeau de porcs en train de paître. Et les démons suppliaient Jésus : « Si tu nous expulses, envoie-nous dans ce troupeau de porcs. » – « Allez », leur dit-il. Sortant alors, ils s'en allèrent dans les porcs, et voilà que tout le troupeau se précipita dans la mer et périt dans les eaux[1].

> [...] voilà qu'on lui présenta un démoniaque muet. Le démon fut expulsé et le muet parla[2].

> Jésus se retira dans la région de Tyr et de Sidon. Et voici qu'une femme cananéenne, étant sortie de ce territoire, criait en disant : « Aie pitié de moi, Seigneur, fils de David : ma fille est fort malmenée par un démon. » Mais il ne lui répondit pas un mot. Ses disciples, s'approchant, le priaient : « Fais-lui grâce, car elle nous poursuit de ses cris. » À quoi il répondit : « Je n'ai été envoyé qu'aux brebis perdues de la maison d'Israël. » Mais la femme était arrivée et se prosternait devant lui en disant : « Seigneur, viens à mon secours ! » Il lui répondit : « Il ne sied pas de prendre le pain des enfants et de le jeter aux petits chiens. » « Oui, Seigneur dit-elle, et justement les petits chiens mangent des miettes qui tombent de la table de leurs maîtres ! » Alors Jésus lui

1. Mt 8, 28-32 ; même épisode, avec quelques variantes, dans Mc 5, 1-20 et Lc 8, 26-39.
2. Mt 9, 32-34 ; même épisode, avec une variante, dans Mt 12, 22 et Lc 11, 14-15.

répondit : « Ô femme, grande est ta foi ! Qu'il t'advienne selon ton désir ! » Et de ce moment sa fille fut guérie[1].

Un homme s'approcha de lui et, s'agenouillant, lui dit : « Seigneur, aie pitié de mon fils, qui est lunatique [épileptique] et va très mal : souvent il tombe dans le feu, et souvent dans l'eau. Je l'ai présenté à tes disciples, et ils n'ont pas pu le guérir. » – « Engeance incrédule et pervertie, répondit Jésus, jusques à quand ai-je à vous supporter ? Apportez-le-moi ici. » Et Jésus le menaça, et le démon sortit de l'enfant qui, de ce moment, fut guéri. Alors les disciples, s'approchant de Jésus, dans le privé, lui demandèrent : « Pourquoi nous autres, n'avons-nous pas pu l'expulser ? » – « Parce que vous avez peu de foi », leur dit-il[2].

Il y avait dans leur synagogue un homme possédé d'un esprit impur, qui cria en disant : « Que nous veux-tu, Jésus le Nazarénien ? Es-tu venu pour nous perdre ? Je sais qui tu es : le saint de dieu. » Et Jésus le menaça en disant : « Tais-toi et sors de lui. » Et le secouant violemment, l'esprit impur cria d'une voix forte et sortit de lui[3].

Il [Jésus] enseignait dans une synagogue le jour du sabbat. Et voilà qu'il y avait là une femme ayant depuis dix-huit ans un esprit qui la rendait infirme ; elle était toute courbée et ne pouvait absolument pas se relever. La voyant, Jésus l'interpella et lui dit : « Femme, te voilà délivrée de ton infirmité » ; puis il lui imposa les mains. Et à l'instant même, elle se redressa, et elle glorifiait Dieu[4].

Sans faire une exégèse de ces différents textes, on relèvera quelques données significatives.

La plupart des cas de possession cités ici sont liés à une maladie ou à une infirmité, mais pas tous. Il serait erroné de réduire les exorcismes pratiqués par Jésus à des guérisons. Rien n'indique que, dans les cas cités, la maladie ou l'infirmité soit la conséquence de la possession ou qu'inversement la possession se soit ajoutée à une

1. Mt 15, 21-28 ; même épisode avec une variante, dans Mc 7, 24-30.
2. Mt 17, 14-20 ; même épisode dans Mc 9, 17-29, avec un ajout : « Esprit muet et sourd, je te l'ordonne, sors de lui et n'y rentre plus », et dans Lc 9, 38-43.
3. Mc 1, 23-26 ; même épisode dans Lc 4, 33-35.
4. Lc 13, 13.

maladie ou à l'infirmité. Comme l'a remarqué le père Gilles Jeanguenin, les évangélistes distinguent bien les simples guérisons de malades et les exorcismes qui ont pour conséquence une guérison du corps : « Jésus n'agit pas envers le possédé comme il le ferait avec un quelconque malade : il ne le touche pas, ne lui fait pas d'onction avec de l'huile, mais il intime l'ordre à Satan de s'en aller : "*Sors de cet homme...*" (Mc 5, 8 ; cf. Mc 1, 25 ; 9, 25)[1]. »

La parole du Christ n'est pas une parole magique, avec des formules stéréotypées. C'est la parole de Jésus, dite avec autorité, et sa puissance de Fils de Dieu, qui opèrent la délivrance des possédés. Le Christ chasse le démon de différentes manières. Il « ordonne » au démon de sortir ou le « menace » : on a là l'origine des prières *impératives* qui figureront dans les rituels d'exorcisme et qui commandent au démon de quitter le corps du possédé. Et, une fois au moins, il chasse le démon en imposant les mains (Lc 13, 13).

L'exégète et théologien Graham Twelftree estime que l'exorcisme est « un des plus évidents et importants aspects du ministère » du Christ dans les Évangiles[2]. À l'encontre des démonstrations du protestant Rudolf Bultmann qui visent à « démythologiser » la vie de Jésus, et à l'encontre du catholique Eugen Drewermann qui réduit les miracles et les exorcismes pratiqués par le Christ à des opérations proches du chamanisme traditionnel, Twelftree voit au contraire dans ces exorcismes une preuve supplémentaire du « Jésus historique ». Ils sont à lire dans le contexte du judaïsme de cette époque où l'exorcisme connaissait un nouvel essor. Mais ils ont, bien sûr, une portée spécifique. Le Christ est venu « réduire à l'impuissance, par sa mort, celui qui a la puissance de la mort, c'est-à-dire le diable » (He 2, 14). Avant sa mort, toute sa vie publique a été un combat contre Satan.

1. Père G. Jeanguenin, *Le diable existe !*, p. 96-97.
2. Gr. H. Twelftree, *Jesus the Exorcist. A Contribution to the Study of the Historical Jesus*, Tübingen, J. C. B. Mohr, 1993, p. 225.

## LES APÔTRES ET LES DISCIPLES EXORCISTES

Le Christ a donné à ses apôtres le *pouvoir de chasser les démons*. Dès qu'il a choisi douze apôtres dans la foule qui le suivait, c'est une des deux missions qu'il leur a confiées : « Il gravit la montagne et il appelle à lui ceux qu'il voulait. Ils vinrent à lui, et il en institua Douze pour être ses compagnons et pour les envoyer prêcher, avec pouvoir de chasser les démons » (Mc 3, 15). L'Évangile selon saint Matthieu est plus précis : « Jésus leur donna pouvoir sur les esprits impurs, de façon à les expulser et à guérir toute maladie et toute langueur » (Mt 10, 1).

Lorsque le Christ envoie les apôtres en mission pour la première fois, ce pouvoir est à nouveau spécifié. Alors qu'il parcourait les villages aux alentours de Nazareth, « sa patrie », le Christ « appelle à lui les Douze et il se mit à les envoyer en mission deux à deux, en leur donnant pouvoir sur les esprits impurs » (Mc 6, 7 ; même épisode dans Lc 9, 1). Matthieu, à nouveau, est plus précis : « Proclamez que le Royaume des Cieux est tout proche. Guérissez les malades, ressuscitez les morts, purifiez les lépreux, expulsez les démons. Vous avez reçu gratuitement, donnez gratuitement » (Mt 10, 7-8).

L'évangile selon saint Marc décrit ce premier ministère des apôtres, qui s'accomplit du vivant de Jésus : « Ils prêchaient qu'on se repentît ; et ils chassaient beaucoup de démons et faisaient des onctions d'huile à de nombreux infirmes et les guérissaient » (Mc 6, 13). Après sa résurrection, dans une ultime apparition aux apôtres et dans une dernière exhortation à la mission, Jésus place le pouvoir de chasser les démons parmi les « signes », c'est-à-dire parmi les miracles qu'ils accompliront au nom de Jésus. Dans la liste des « signes », les exorcismes sont cités en premier : « En mon nom, ils chasseront les démons, ils parleront en langues nouvelles, ils saisiront des serpents, et s'ils boivent quelque poison mortel, il ne leur fera pas de mal ; ils imposeront des mains aux infirmes et ceux-ci seront guéris » (Mc 16, 17).

Dans le Nouveau Testament, les apôtres ne sont pas les seuls à avoir le pouvoir de chasser les démons. Jésus a donné aussi ce pouvoir aux « soixante-douze Disciples » qu'il a désignés avant la montée à Jérusalem. Après leur première mission, « les soixante-douze revinrent tout joyeux, disant : "Seigneur, même les démons nous sont soumis en ton nom !" Il leur dit : "Je voyais Satan tomber du ciel comme l'éclair ! Voici que je vous ai donné le pouvoir de fouler aux pieds serpents, scorpions, et toute la puissance de l'Ennemi, et rien ne pourra vous nuire. Cependant ne vous réjouissez pas de ce que les esprits vous sont soumis : mais réjouissez-vous de ce que vos noms se trouvent inscrits dans les cieux" » (Lc 10, 17-20).

Après la mort du Christ, les Actes des apôtres, évoquant le ministère de l'apôtre Philippe en Samarie, citent, parmi les « signes qu'il opérait » : « De beaucoup de possédés les esprits impurs sortaient en poussant de grands cris » (Ac 8, 5-7). Paul, qui n'était ni un apôtre, ni un disciple, est le premier converti connu qui pratique les exorcismes au nom du Christ. Les cas cités sont intéressants parce qu'ils montrent la diversité des moyens employés. Dans une première situation, il s'agit d'une servante de la ville de Philippes, en Macédoine, qui pratiquait la divination (Ac 16, 16-17). Elle faisait gagner beaucoup d'argent à ses maîtres par les prédictions qu'elle monnayait – les Actes des apôtres ne disent pas quel moyen de divination elle employait. Alors que les païens faisaient grand cas de la divination, quel que soit le moyen employé (astrologie, haruspice, etc.), les chrétiens y voyaient une fausse science inspirée par le démon. Ce n'est pas par une simple parole que saint Paul chasse le démon qui était dans la servante, mais par un ordre : « Je t'ordonne au nom de Jésus Christ de sortir de cette femme. »

Les Actes des apôtres rapportent aussi l'expulsion des démons par la médiation de tissus : « Dieu opérait par les mains de Paul des miracles peu banals, à tel point qu'il suffisait d'appliquer sur les maladies des mouchoirs ou des linges qui avaient touché son corps : alors les maladies les quittaient et les esprits mauvais s'en allaient » (Ac 19, 11-12). On trouve là la préfiguration de l'application des reliques des saints sur le corps de possédés qu'on verra fréquemment dans les siècles à venir.

## LES EXORCISMES DANS L'ÉGLISE PRIMITIVE

L'exorcisme est attesté dans l'Église primitive sous différentes formes ou, du moins, il est utilisé dans trois circonstances : comme partie intégrante du baptême – pour soustraire le catéchumène à Satan –, pour combattre les démons des païens et pour libérer des possédés (catéchumènes ou déjà baptisés).

Andrea Nicolotti a recueilli, de façon exhaustive, tous les textes du IIe siècle et de la première moitié du IIIe siècle qui évoquent la possession et l'exorcisme[1]. On les trouve chez les Pères de l'Église (Justin le Martyr, Tatien le Syrien, Théophile d'Antioche, Théodote le Gnostique, Irénée de Lyon, Celse, Clément d'Alexandrie, Origène, Tertullien, Minucius, Cyprien de Carthage, Firmilien de Césarée, Corneille et Novatien), dans la littérature apocryphe (les *Actes* de Jean, André, Paul et Thomas) et chez le philosophe antichrétien Celse.

Si les termes « possédés » et « obsédés » se rencontrent, le mot « énergumènes » est plus fréquent. Il fait référence au fait que l'*energeia* (« activité, comportement ») des possédés est perturbée : « Agitation inhabituelle des membres, violence, perte de conscience, infirmité, manifestations d'origine sur naturelle[2]. » C'est progressivement et plus tard que la théologie distinguera la *circumcessio* (l'assaut du démon, appelé aussi *vexation*), l'*infestatio* (qui désigne une présence maléfique dans un lieu ou un objet), l'*obsessio* (un assaut externe du démon sur l'intellect ou l'imaginaire), la *possessio* et l'*insessio* qui indiquent la présence du démon dans une personne.

Justin, mort martyr à Rome vers 165, est le premier, après les Actes des apôtres, à évoquer l'efficacité de l'exorcisme pratiqué par les chrétiens contre les démons païens. Il le fait dans sa deuxième *Apologie* : « Il y a dans tout le monde et dans votre ville [Rome] nombre de démoniaques, que ni adjurations, ni enchantements, ni philtres n'ont pu guérir. Nos chrétiens, les adjurant au nom de Jésus-Christ crucifié sous Ponce Pilate, en ont guéri et en guérissent

---

1. A. Nicolotti, *Esorcismo cristiano e possessione diabolica tra II e III secolo*, Turnhout, Brepols, 2011.
2. *Ibid.*, p. 32.

encore aujourd'hui beaucoup, en maîtrisant et chassant des hommes les démons qui les possèdent[1]. »

Irénée, mort martyr à Lyon vers 202, évoque les exorcismes parmi les charismes que les chrétiens mettent en œuvre au nom du Christ :

> En son nom, ses authentiques disciples, après avoir reçu de lui la grâce, œuvrent pour le profit des autres hommes, selon le don que chacun a reçu de lui. Les uns chassent les démons en toute certitude et vérité, si bien que, souvent, ceux-là mêmes qui ont été ainsi purifiés des esprits mauvais embrassent la foi et entrent dans l'Église ; d'autres ont une connaissance anticipée de l'avenir, des visions, des paroles prophétiques ; d'autres encore imposent les mains aux malades et leur rendent ainsi la santé ; et même, comme nous l'avons dit, des morts ont été ressuscités et sont demeurés avec nous un bon nombre d'années. Et quoi donc ? Il n'est pas possible de dire le nombre des charismes que, à travers le monde entier, l'Église a reçus de Dieu et que, au nom de Jésus-Christ qui fut crucifié sous Ponce Pilate, elle met en œuvre chaque jour pour le profit des gentils, ne trompant personne et ne réclamant aucun argent : car, comme elle a reçu gratuitement de Dieu, elle distribue aussi gratuitement.
>
> Et ce n'est pas en invoquant des Anges qu'elle fait cela, ni par des incantations ou toutes sortes d'autres pratiques magiques ; c'est en toute pureté et au grand jour, en faisant monter des prières vers le Dieu qui a fait toutes choses et en invoquant le nom de notre Seigneur Jésus-Christ, qu'elle accomplit des prodiges pour le profit des hommes et non pour les tromper[2].

L'existence d'un ministère distinct de l'exorcisme est attestée par une lettre de l'évêque Corneille qui fut pape de mars 251 à juin 253. À Rome, qui compte à cette époque entre 30 000 et 50 000 fidèles, il y a, dit-il, « quarante-six prêtres, sept diacres, sept

1. Justin de Rome, *Deuxième apologie*, VI, 6, dans *Apologies*, Paris, Alphonse Picard, 1904, p. 161-163.
2. Irénée de Lyon, *Contre les hérésies*, l. II, chap. 32.

sous-diacres, quarante-deux acolytes, cinquante-deux exorcistes, lecteurs et portiers[1] ».

## L'EXORCISME DANS LE BAPTÊME

La place de l'exorcisme dans la cérémonie du baptême est bien attestée par la *Tradition apostolique* rédigée par Hippolyte de Rome vers 215. Sont évoquées précisément les conditions pour recevoir le baptême et les étapes qui y mènent[2]. Les catéchumènes, qui doivent être « instruits pendant trois ans », seront « choisis » *(electi)*, « mis à part » pour recevoir le baptême. On examinera leur vie : « Ont-ils vécu honnêtement pendant qu'ils étaient catéchumènes ? Ont-ils honoré les veuves ? Ont-ils visité les malades ? Ont-ils fait toutes sortes de bonnes œuvres ? » À partir de ce jour, « on leur impose la main tous les jours en les exorcisant ». Puis le samedi, veille du baptême, « l'évêque exorcisera chacun d'eux, pour savoir s'il est pur » : « En leur imposant les mains, il adjurera tout esprit étranger de les quitter et de ne pas revenir en eux. Quand il a cessé l'exorcisme, il soufflera sur leur visage et, après avoir signé leur front, leurs oreilles et leurs narines, qu'il les fasse relever. »

Le lendemain, jour où le catéchumène reçoit le sacrement, après que celui-ci a abjuré en disant : « Je renonce à toi, Satan, et à toutes tes pompes et à toutes tes œuvres », l'exorcisme est renouvelé avec une onction accomplie avec « l'huile de l'exorcisme », le prêtre disant : « Que tout esprit mauvais s'éloigne de toi. » Suit le baptême par l'eau qui comprend une profession de foi.

On relèvera encore, pour cette période, le témoignage de Lactance dans son *Épitomé* (vers 320). Il évoque le recours au signe de la croix dans l'exorcisme :

---

1. Lettre publiée par Eusèbe de Césarée, *Histoire ecclésiastique*, t. II, Paris, Éd. du Cerf, coll. « Sources chrétiennes », 1955, p. 156.
2. Hippolyte de Rome, *La Tradition apostolique*, Paris, Éd. du Cerf, coll. « Sources chrétiennes », 1984 (2e éd. revue), chap. 20-21, p. 79-81.

> L'importance et la puissance de ce signe sont manifestes quand toute la cohorte des démons est chassée et mise en fuite par lui. Et tout comme avant sa passion il a lui-même chassé les démons par sa parole et son commandement, de même maintenant son nom et le signe de sa passion font sortir les mêmes esprits immondes, quand ils se sont glissés dans le corps des hommes : tenaillés et torturés, ils avouent qu'ils sont des démons et reculent devant Dieu qui les frappe[1].

Dans les écrits et témoignages des IIe et IIIe siècles, on ne trouve ni une formule complète d'exorcisme ni un rite d'exorcisme qui soit bien établi. Mais Andrea Nicolotti a pu dégager plusieurs constantes[2]. L'exorcisme commence par une invocation du nom du Christ ou du nom de Dieu, l'exorciste agit non par son propre pouvoir, mais *au nom* de celui qui a vaincu le mal. Le reste du rituel en usage à cette époque est moins bien connu. Il contient de manière certaine une profession de foi chrétienne, peut-être aussi la lecture de passages de l'Évangile où Jésus chasse les démons. Il y a aussi une *adjuration* (le mot est dans Tertullien et dans Cyprien de Carthage) à Satan : commandement lui est donné de sortir du corps du possédé. Elle est suivie de prières.

L'imposition des mains sur le possédé est le geste d'exorcisme le mieux attesté à cette époque. Mais il y a aussi, on l'a vu, le signe de la croix. Tertullien parle de l'exsufflation – souffler sur le visage du possédé –, geste qui rappelle le geste de Jésus qui, apparaissant à ses disciples après sa résurrection, souffla sur eux pour leur transmettre l'Esprit Saint (Jn 20, 22), principe de vie. On retrouve cette pratique de l'exsufflation chez saint Antoine le Grand.

---

1. Lactance, *Épitomé des institutions divines*, Paris, Éd. du Cerf, coll. « Sources chrétiennes », 1987, p. 184-185.
2. A. Nicolotti, *Esorcismo cristiano e possessione diabolica tra II e III secolo*, p. 69-76.

CHAPITRE 2

# SAINT ANTOINE LE GRAND ET SAINT HILARION DE GAZA

Saint Antoine est, à la fin du IIIe siècle, un des premiers moines. Il est à l'origine du monachisme chrétien en Égypte. Il est mort en 356. La *Vie d'Antoine*, écrite presque aussitôt par saint Athanase, évêque d'Alexandrie, est la principale source pour connaître sa vie[1].

Il est né vers 251 à Coma (aujourd'hui Qiman al-Arias), un village dans la vallée du Nil. « Il était né, dit Athanase, de parents nobles qui possédaient une assez grande fortune. » Ils étaient chrétiens et ils élevèrent leurs deux enfants – Antoine et sa sœur cadette – dans la foi chrétienne. Antoine perdit ses parents alors qu'il avait l'âge de dix-huit ou vingt ans. Il se retrouva en charge du domaine familial – plus de 80 hectares de « terre fertile et excellente » – et de sa sœur cadette. Six mois après la mort de ses parents, entrant dans l'église de son village, il entendit le prêtre lire ce passage de l'Évangile : « Si tu veux être parfait, va, vends tout ce que tu possèdes et donne-le aux pauvres, et viens, suis-moi, et tu auras un trésor dans les cieux » (Mt 19, 21).

Il appliqua à la lettre ce conseil de l'Évangile. Il distribua aux gens du village les terres qu'il avait héritées de ses parents, vendit le reste de ses biens et en distribua l'argent aux pauvres, ne réservant

1. Nous nous référons ici à ATHANASE D'ALEXANDRIE, *Vie d'Antoine*, texte grec et traduction française établis par G. J. M. Bartelink, Paris, Éd. du Cerf, coll. « Sources chrétiennes », 1994.

qu'une petite somme pour sa sœur. Puis, une autre fois, toujours dans l'église de son village, il entendit le prêtre lire un autre passage de l'Évangile : « Ne vous mettez pas en peine du lendemain » (Mt 6, 34). Il eut à nouveau le sentiment que cette parole s'adressait directement à lui. Il distribua « aux petites gens » ce qui lui restait d'argent pour sa sœur et la confia « à des vierges connues et fidèles » pour qu'elles la forment à la vie religieuse.

Lui commença à se consacrer à une vie de prière et d'ascèse. Il existait déjà d'autres ascètes dans les environs. Dans un village voisin vivait « un vieillard qui depuis sa jeunesse s'exerçait à la vie solitaire ». Antoine devint son disciple. Il apprit de lui à « prier sans cesse, seul » et à progresser dans la voie de l'ascèse qui est un *agôn*, mot qui signifie à la fois « compétition » et « combat » : une compétition à laquelle il faut s'entraîner et un combat contre les facilités de la vie, les tentations et le diable. Il rendait visite à d'autres ermites, apprenant de chacun telle vertu particulière ou telle pratique. Il est à noter que le travail manuel faisait partie dès le début de la vie ascétique. Antoine « travaillait de ses mains », rapporte Athanase : « D'une part de son gain, il achetait du pain, et le reste il le dépensait pour ceux qui étaient dans le besoin. »

Mais le diable, qualifié de *misokalos* (« ennemi du bien et jaloux »), vint semer le trouble chez Antoine : « Il tenta d'abord de le détourner de l'ascèse en lui remettant en mémoire ses biens, le soin qu'il devait à sa sœur, ses relations familiales, l'amour de l'argent, le désir de la gloire, le plaisir d'une nourriture variée et les autres agréments de la vie, enfin l'âpreté de la vertu et les grands efforts qu'elle demande. » Puis, repoussé par les prières d'Antoine, le diable se fit plus offensif : il suggéra à l'ascète des « pensées impures » et en vint « à prendre, de nuit, l'aspect d'une femme et à en imiter parfaitement l'allure, à seule fin de séduire Antoine ». La prière et l'ascèse (il ne prenait qu'un seul repas par jour, fait de pain et d'eau, et dormait sur une simple natte ou à même le sol) eurent raison de ces nouveaux assauts du démon.

Antoine choisit de s'éloigner du village et de s'établir dans la zone où se trouvaient les tombeaux. Il se fit enfermer dans une tombe où un de ses disciples venait de temps en temps lui apporter du pain et de l'eau. Là, une nuit, il fut assailli par des démons qui le rouèrent de coups. Puis, échouant à le faire abandonner la voie ascétique, ils décidèrent de l'attaquer « autrement » :

> Il est facile au diable de prendre des figures diverses pour causer du mal. Les quatre murs de la petite maison [le tombeau] furent comme rompus et les démons semblèrent faire irruption. Ils s'étaient métamorphosés en prenant l'apparence de bêtes sauvages et de reptiles. Tout cet endroit parut aussitôt rempli en apparence de lions, d'ours, de léopards, de taureaux, de serpents, de vipères, de scorpions et de loups. [...] Absolument terrible était la fureur de toutes ces apparitions, jointe au hurlement de leurs cris.

Antoine ne se laisse impressionner ni par le nombre des démons, ni par leur aspect terrifiant. Il y voit plutôt des signes de leur faiblesse : « S'il y avait en vous quelque force, il suffirait à un seul d'entre vous de venir. Mais parce que le Seigneur vous a privés de vigueur, vous essayez tant bien que mal de m'épouvanter par votre nombre. Mais c'est un signe de votre faiblesse que d'imiter la forme d'être dépourvus de raison. » Le Seigneur « lui porta secours », se manifesta à lui « sous la forme d'un rayon de lumière » qui fit fuir les démons et le réconforta.

Le lendemain, « avec encore plus d'ardeur pour la piété », il s'avança plus avant dans le désert, dans la montagne de Pispir (aujourd'hui Deir-el-Meimoun). Il se retira dans une enceinte fortifiée abandonnée, située au-delà du Nil. Il était le premier ascète à s'établir dans un endroit solitaire, loin du monde. Le désert, pour les Égyptiens de tous les temps, comme l'a rappelé Antoine Guillaumont, est l'antithèse de l'étroite vallée du Nil et de sa bonne terre. À l'ouest, le désert libyque, à l'est, le désert arabique plus montagneux : « Le désert est non seulement la terre stérile, mais aussi la région des tombeaux, le domaine de la mort, où l'Égyptien ne s'aventurait jamais sans crainte ; il ne pouvait y rencontrer, au mieux que des bandes de nomades, à la peau noire [...] et surtout des animaux dangereux et redoutés[1]. »

Pour les chrétiens de l'époque d'Antoine, le désert est « l'habitat, par excellence, des démons ». Au fur et à mesure qu'Antoine s'enfonce dans le désert, les assauts du diable sont plus fréquents et plus violents. Le diable, chassé des villes par le christianisme, défend son domaine, il ne veut pas qu'Antoine « remplisse d'ascèse le désert lui-même ». Le moine, lui, vient dans le désert pour y trouver l'*hêsychia*, « mot difficile à traduire, écrit Antoine Guillaumont, car il désigne à la fois la solitude, la tranquillité, cet état de vie dans lequel le moine pourra pratiquer sans distraction le *mnêmê tou theou*, le "souvenir de Dieu", nous dirions l'exercice constant de la présence de Dieu »[2].

Au désert, le moine rencontre inévitablement le diable, mais il trouve aussi les conditions, loin du monde, pour rencontrer Dieu. Quand Antoine s'installa dans le fortin abandonné dans la montagne désertique de Pispir, il était déjà âgé d'environ trente-cinq ans. Il s'y enferma. L'endroit contenait un point d'eau. Deux fois par an, on lui apportait du pain. Il resta « près de vingt ans » dans cette solitude. Sa renommée attira des fidèles qui venaient dans son désert avec l'espoir de le rencontrer et de recevoir son enseignement. Ils « restaient souvent dehors pendant des jours et des nuits, parce qu'il ne leur permettait pas d'entrer ». Finalement, « comme beaucoup désiraient et voulaient imiter son ascèse », et avec d'autres fidèles venus sur les lieux, ils réussirent à forcer sa porte et à le contraindre à sortir. Il accomplit alors des guérisons, pratiqua des exorcismes, dispensa des enseignements sur la vie éternelle (« les biens futurs ») et « l'amour de Dieu pour les hommes ».

« Il persuada ainsi beaucoup de gens d'embrasser la vie solitaire. » Des ermitages s'établirent dans les montagnes environnantes : « Le désert devint comme une cité de moines qui avaient quitté

1. A. Guillaumont, « La conception du désert chez les moines d'Égypte », dans *Les Mystiques du désert dans l'islam, le judaïsme et le christianisme*, Gordes, Association des amis de Sénanque, 1975, p. 25-38.
2. *Ibid.*

leurs biens et reproduisaient la vie de la cité céleste. » Saint Antoine les visitait de temps en temps, « il les dirigeait tous comme un père ».

Vers 305 – il avait 55 ans –, pour échapper au nombre croissant de ses disciples et des visiteurs, et parce qu'il craignait de « s'enorgueillir lui-même de ce que le Seigneur faisait par lui », il se retira plus en avant, en haute Thébaïde, à trois jours de marche. Il établit son ermitage au pied d'une très haute montagne, dans une localité appelée aujourd'hui Ouadi al-Arab. Il y avait « une eau extrêmement limpide, douce et très fraîche, et plus loin une plaine avec quelques palmiers laissés à l'abandon ». Pour ne plus être à la charge de ses disciples qui, de temps en temps, lui apportaient du pain, il cultiva une parcelle de terre pour y semer du blé et fabriquer lui-même son pain. « Plus tard, voyant qu'on recommençait à venir à lui, il cultiva aussi quelques légumes afin que le visiteur trouve un peu de réconfort après les fatigues de cette route difficile. » De temps en temps, il rendait visite à ses disciples restés à Pispir. Sa renommée s'étendait. À plusieurs reprises, des philosophes païens vinrent le visiter dans son désert, pensant « pouvoir le mettre à l'épreuve ». La *Vie d'Antoine* présente en huit chapitres (chapitres 72 à 79) l'apologétique qu'il développa pour répondre à leurs « raisonnements démonstratifs » et à leurs « syllogismes sophistiques ». Des empereurs – Constantin (mort en 337) et ses successeurs Constance et Constant – lui écrivirent. Des disciples de saint Pacôme, le fondateur du cénobitisme à Tabennèse, en Haute Égypte, vinrent aussi lui demander conseil.

Il mourut en 356, à l'âge de 105 ans selon la tradition. Dès l'année suivante, saint Athanase, évêque d'Alexandrie, entreprit de rédiger sa vie. Il le fit, sans doute, à la demande de moines d'Occident. La *Vie d'Antoine* est la première biographie consacrée à un moine. Gerhardus Bartelink relève que cet ouvrage « se trouve aux origines de l'hagiographie chrétienne. En quelques décennies elle fut connue un peu partout dans le monde chrétien et servit d'exemple pour mainte autre biographie[1] ». La *Vie de Martin*, par

1. G. J. M. Bartelink, « Introduction », Athanase d'Alexandrie, *Vie d'Antoine*, p. 47.

Sulpicien Sévère, qu'on évoquera au chapitre suivant, l'a prise comme modèle.

## LA DÉMONOLOGIE DE SAINT ANTOINE

Les démons sont omniprésents dans la vie de l'ermite Antoine. Mais ils ne sont, comme les anges, que des créatures. Ils ont un pouvoir limité. C'est une constante de la doctrine chrétienne que le mal n'est pas un principe éternel qui serait opposé au principe éternel du bien. L'évêque saint Eusèbe de Verceil (283-371), contemporain de saint Antoine, a puissamment combattu, dans son traité sur la Trinité, la conception du Mal comme un principe indépendant qui serait rival de Dieu (ce qu'on appellera le dualisme). Il le fait sous forme d'anathèmes :

> Si quelqu'un professe que dans la nature où il a été fait l'ange apostat n'est pas l'œuvre de Dieu, mais qu'il existe de lui-même, allant jusqu'à lui attribuer de trouver en soi son principe, qu'il soit anathème.
> Si quelqu'un professe que l'ange apostat a été fait par Dieu avec une nature mauvaise, et ne dit point qu'il a conçu le mal de lui-même par son vouloir propre, qu'il soit anathème.
> Si quelqu'un professe que l'ange de Satan a fait le monde – loin de nous cette croyance – et n'a pas déclaré que tout péché a été inventé par lui, qu'il soit anathème.

Un siècle plus tard, confronté à l'hérésie manichéenne, saint Augustin (354-430) condamnera « celui qui croit qu'il y a deux natures ressortissant de deux principes divers, l'une bonne, qui est Dieu, l'autre mauvaise, non créée par lui ».

Dans le grand enseignement aux moines qui constitue près d'un tiers de la *Vie d'Antoine*, vingt-trois chapitres sont consacrés aux démons (chapitres 21 à 43). Saint Antoine y développe une démonologie qui s'appuie sur les Écritures et sur sa propre expérience. Les démons, malgré ce que « laisse entendre leur nom », n'ont pas été créés mauvais. Ils ont été « créés bons » mais, par leur refus d'adorer et de servir Dieu, ils ont été « déchus de la sagesse céleste » et, dès lors, ils « rôdent autour de la terre ».

Comme l'a souligné le père Jean Daniélou, Antoine ne s'attarde pas à disserter de la nature des démons et de leurs espèces. Il traite surtout de leurs méfaits, et, ce faisant, il est amené à évoquer les lieux où ils vivent[1] : « Ils sont en grande foule dans l'air où nous nous trouvons et ils ne sont pas éloignés de nous » ; « Ils sont répandus dans l'air, eux et le Diable qui est leur chef ». Jean Daniélou souligne que

> cette conception de l'air comme habitat des démons est étrangère à l'Ancien Testament. On ne la trouve pas dans l'apocalyptique juive préchrétienne. Elle se trouve seulement dans le judaïsme rabbinique. Elle se rapproche par contre d'une conception commune dans le monde grec depuis Platon et Xénocrate et qui est particulièrement développée à l'époque hellénistique : celle de la présence dans l'air de « génies » ou de « *daimones* ».

Mais cette présence des démons « dans l'air » environnant se rapporte aussi à « la conception, spécifiquement chrétienne, d'une chute d'anges dans les bas-fonds de l'air ». La chute des anges a son opposé dans l'ascension des âmes qui, à la suite de l'Ascension du Christ, aspirent à monter au ciel.

Dans son long exposé sur les démons, Antoine expose aussi comment les combattre. Pour lutter efficacement contre eux, il faut, dit-il, « avoir reçu de l'Esprit le charisme du discernement des esprits[2] », puis « beaucoup de prières et d'ascèse ».

S'il s'agit de tentations, on peut vaincre les démons : « Par les prières, les jeûnes et la foi au Seigneur, ils tombent aussitôt. » Néanmoins, « même tombés, ils ne renoncent pas, mais reviennent encore avec fourberie et ruse » :

---

1. J. Daniélou, « Les démons de l'air dans la *Vie d'Antoine* », dans B. Steidle (dir.), *Antonius Magnus Eremita. 356-1956. Studia ad Antiquum monachismum spectantia*, Paris, Herder, 1956, p. 136-147.

2. Athanase d'Alexandrie, *Vie d'Antoine*, 22, 3 ; voir aussi 35, 4 ; 38, 5 et 44, 1.

> Cette fois ils façonnent des apparences trompeuses et tâchent d'effrayer en se métamorphosant et en prenant l'allure de femmes, de bêtes, de serpents, de géants ou d'une grande troupe de soldats. Mais même alors il ne faut pas craindre leurs apparences trompeuses. Car elles ne sont rien et disparaissent vite, particulièrement si l'on se protège par la foi et le signe de croix[1].

Leur nombre et les apparences diverses qu'ils peuvent prendre sont une preuve de leur faiblesse, il ne faut donc pas les craindre : « S'ils avaient du pouvoir, ils ne viendraient pas en foule, ils ne susciteraient pas d'apparences trompeuses et ne machineraient pas de métamorphoses. Il suffirait qu'un seul vînt, et accomplisse ce qu'il peut et veut. » Les diables ne peuvent rien sans la permission de Dieu, « ils n'ont pas autorité contre l'homme fait à l'image de Dieu ».

Les démons sont « lâches » et « redoutent fort le signe de la croix du Seigneur, puisque par elle le Sauveur les a dépouillés » (35, 3). « Il ne faut pas se glorifier de chasser les démons ni s'enorgueillir de faire des guérisons » (38, 1) : « Faire des miracles n'est pas notre œuvre, mais celle du Sauveur [...] chasser les démons, c'est là le don gratuit du Sauveur » (38, 2-3).

Un jour, Antoine mit en fuite des démons en se signant et en proclamant : « Je suis serviteur du Christ. Si tu as été envoyé contre moi, me voici » (53, 2). À ceux qui venaient le voir dans son désert et s'effrayaient des attaques du démon qu'il subissait, il recommandait de faire le signe de la croix : « Les démons se manifestent contre ceux qui ont peur. Vous donc, signez-vous et partez rassurés. » Le signe de la croix est un « rempart » contre le démon.

C'est par la foi au Christ que les démons sont vaincus. Dans les dialogues qu'il a avec les philosophes païens, Antoine voit dans la victoire sur les démons une preuve de la supériorité de la foi chrétienne : « Voici des gens qui souffrent des démons [...] ou bien purifiez-les par vos syllogismes et par l'art et la magie que vous voudrez, en invoquant vos idoles ; ou bien, si vous ne le pouvez pas,

---

1. *Ibid.*

cessez de lutter contre nous et vous verrez la puissance de la croix du Christ » (80, 2-3).

## LES EXORCISMES DE SAINT ANTOINE

Saint Antoine a beaucoup lutté contre le démon, pour repousser ses tentations ou ses attaques. Et il a délivré aussi de nombreux possédés du démon. Athanase en rapporte plusieurs épisodes.

Un officier nommé Martinien vint trouver Antoine dans son désert, le priant de délivrer sa fille qui était « tourmentée par un démon ». Antoine refusa de lui ouvrir la porte mais, depuis le toit de son habitation, il s'adressa à l'officier avec humilité tout en l'incitant à la confiance en Dieu : « Homme, pourquoi cries-tu après moi ? Moi aussi, je ne suis qu'un homme comme toi. Mais si tu crois au Christ, que je sers, va, prie Dieu de toute ta foi, et cela se fera » (48, 2). Aussitôt, l'officier « crut, invoqua le Christ et partit : sa fille était purifiée du démon ».

Une autre fois où Antoine était parti visiter des ermitages, il monta sur un bateau pour poursuivre son voyage (63, 1-3) :

> Lui seul perçut alors une odeur horrible et très pénétrante [...]. Comme il parlait encore, un jeune homme, possédé d'un démon et qui était monté auparavant dans le bateau et s'y tenait caché, poussa aussitôt des cris. Sommé au nom de notre Seigneur Jésus-Christ, le démon sortit. L'homme fut guéri, et tous reconnurent que la mauvaise odeur venait du démon.

Une autre fois encore, un jeune homme « d'une illustre famille », possédé d'un démon, vint à lui. « Le démon était si terrible que le possédé ignorait qu'il était chez Antoine. Il mangeait même ses propres excréments » (64, 1-4). Antoine passa la nuit à prier et à veiller sur lui :

> Soudain, vers l'aurore, le jeune homme se précipita sur Antoine et le bouscula. Ceux qui étaient venus avec lui s'en indignaient, mais Antoine dit : « Ne vous fâchez pas contre le jeune homme. Ce n'est

pas sa faute, mais celle du démon qui est en lui. En effet, sommé et contraint de s'enfuir en des lieux arides, il s'est mis en fureur et a fait cela. Glorifiez le Seigneur. Que l'homme se soit ainsi jeté sur moi est pour vous le signe que le Démon est sorti. »

Une fille cruellement « tourmentée par un démon » fut amenée par sa mère à Antoine alors qu'il était de passage dans une ville (71, 1-3). L'enfant « fut jetée à terre ». Antoine « se mit en prière, invoqua le nom du Christ, et l'enfant se leva en bonne santé : le démon impur était parti ».

Alors que des philosophes païens sont présents, Antoine délivre plusieurs « personnes tourmentées par des démons » : « Il invoqua le Christ, fit sur les malades le signe de la croix deux ou trois fois. Aussitôt ces hommes se levèrent sains et saufs, désormais en leur bon sens et rendant grâce au Seigneur » (80, 4).

Antoine a, finalement, usé de différents moyens pour chasser le démon. Il y a le signe de la croix et la prière[1]. Saint Athanase d'Alexandrie, dans son traité sur l'Incarnation, cite lui aussi « le simple usage du signe de la croix » pour « chasser » les « artifices » du démon[2]. Antoine a aussi invoqué le nom du Christ[3]. Il a soufflé sur le visage du possédé[4], pratique qui deviendra traditionnelle et que l'on retrouve dans le *Rituel des exorcismes* en vigueur (l'exsufflation). Il y a aussi la récitation de certains psaumes[5], qui, également, sera intégrée dans les rituels. La vie vertueuse permet encore de vaincre les démons, en leur donnant moins de prises[6].

1. Athanase d'Alexandrie, *Vie d'Antoine*, 22, 23, 35.
2. Athanase d'Alexandrie, *Sur l'Incarnation du Verbe*, Paris, Éd. du Cerf, coll. « Sources chrétiennes », 1973, 47, 2.
3. *Ibid.*, 40, 2 ; 41, 6 ; 53, 2 ; 63, 3 ; 71, 2 ; 78, 4 ; 80, 4.
4. *Ibid.*, 39.
5. *Ibid.*, 39, 3 et 40, 5.
6. *Ibid.*, 30, 2.

## LES EXORCISMES DE SAINT HILARION

Hilarion de Gaza, ascète du désert de Palestine au IV^e siècle, est souvent comparé à Antoine, ascète du désert d'Égypte. Sa *Vie*, écrite par saint Jérôme avant 392, a été également comparée à la *Vie d'Antoine* par saint Athanase d'Alexandrie. Pour le sujet qui nous occupe ici, la *Vie d'Hilarion* contient de nombreux récits d'attaques du démon et d'exorcismes ; avec des particularités qu'il est intéressant de relever[1].

Hilarion, né en 295 à Tabatha, au sud de la Palestine, fut, dès l'âge de 15 ans, un disciple d'Antoine dans le désert d'Égypte. Encore adolescent, « il entendit parler d'Antoine dont le nom célèbre retentissait chez tous les peuples de l'Égypte : brûlant du désir d'aller le voir, il prit le chemin du désert ». Il resta près de deux mois auprès d'Antoine, « contemplant sa règle de vie et la gravité de ses mœurs ». Mais l'afflux des visiteurs lui fit renoncer à vivre auprès d'Antoine et il revint en Palestine « avec quelques moines ». Il s'établit à l'est de Gaza, dans une « terrible et vaste solitude », « entre mer et marais ». Il jeûne (se nourrissant du « suc des herbes » et de quelques figues sèches), prie, affronte les tentations du démon et tresse des « corbeilles de jonc » car, selon la règle des moines d'Égypte, inspirée sur ce point de saint Paul, « celui qui ne travaille pas, qu'il ne mange pas non plus[2] ».

Hilarion a exorcisé différentes personnes appartenant à différents milieux, la plupart étant des hommes. Le premier est un aurige (chapitre 9), c'est-à-dire un conducteur de char dans les jeux du cirque. Cet aurige est « frappé sur son char par le démon ». Il devient « tout raide au point de ne pouvoir ni remuer la main, ni fléchir la nuque » et il ne peut plus parler, sinon « pour implorer sa guérison ». Ce qui est décrit pourrait apparaître comme une simple maladie (tétanie ou paralysie), mais Hilarion considère qu'il s'agit d'une punition divine : les auriges participaient à un spectacle

1. Nous nous référons ici à la « Vie d'Hilarion » qui figure dans saint Jérôme, *Trois vies de moines (Paul, Malchus, Hilarion)*, traduction de P. Leclerc, Paris, Éd. du Cerf, coll. « Sources chrétiennes », 2007, p. 212-299.
2. 2 Th 3, 10.

condamné par la primitive Église parce qu'il comprenait, au début, un culte rendu aux dieux. Aussi, Hilarion dit au conducteur de char « qu'il ne pourrait être guéri s'il ne croyait pas d'abord à Jésus et s'il ne prenait pas l'engagement de renoncer au métier qu'il exerçait la veille ». Alors, « il crut, promis, fut guéri ».

Un autre cas est celui d'un jeune homme, Marsitas, habitant la région de Jérusalem, qui était très fort et violent (chapitre 10). « Excité par un très mauvais démon », il réussit à briser les chaînes qu'on lui avait mises et à défoncer les portes verrouillées qui l'enfermaient. Il est si furieux qu'il est un danger pour les gens qui l'approchent : il « avait amputé de leur nez ou de leurs oreilles nombre de gens en les mordant ; aux uns, il avait brisé les pieds, il en avait étranglé d'autres ». Il fut amené, entravé de cordes et de chaînes, jusqu'au monastère d'Hilarion. Celui-ci réussit à l'exorciser à distance, sans le toucher. Il lui ordonna : « Baisse la tête et viens. » Maritas, alors, s'approchant, « se mit à trembler, à pencher la tête, et, n'osant regarder en face et dépouillé de toute férocité, à lécher les pieds » d'Hilarion qui était resté assis. Sans entrer dans le détail de l'exorcisme qui a été pratiqué, saint Jérôme nous dit que le démon « adjuré et exhorté » par Hilarion sortit « le septième jour ».

Sans évoquer tous les cas d'exorcisme rapportés dans la *Vie d'Hilarion*, on relèvera encore celui d'un magistrat impérial d'origine germanique (chapitre 13). Il vivait à Rome et, « dès l'enfance », il avait été possédé d'un démon qui, « la nuit, le faisait hurler, gémir et grincer des dents ». Il avait eu connaissance de la réputation de guérisseur d'Hilarion. Il obtint de l'empereur Constance d'aller jusqu'en Palestine, espérant être guéri par lui. Hilarion commença par l'interroger,

> l'homme soulevé de terre, touchant à peine le sol du pied et poussant des mugissements sauvages, répondit en syrien aux questions qui lui étaient posées en cette langue. On pouvait voir cette bouche barbare, qui n'avait appris que le franc et le latin, prononcer les mots syriens à la perfection, au point que ni sifflante, ni aspirée, ni aucune particularité propre au langage de Palestine n'y manquait.

Hilarion l'interrogea ensuite en grec et le magistrat romain répondit aussi en cette langue qu'il ne connaissait pas. « C'est ainsi que le démon avoua comment il était entré en sa possession. »

On doit noter la longue durée de la possession, depuis l'enfance. On relève aussi que le possédé répond à Hilarion dans des langues qu'il ne connaît pas. C'est une des premières fois où le fait est noté dans un récit d'exorcisme ; il sera considéré dès lors comme un des signes de la possession.

Saint Jérôme rapporte aussi que le démon a essayé d'embrouiller Hilarion en parlant de choses sur lesquelles il n'avait pas été interrogé (les envoûtements, les pratiques magiques). Hilarion le fait taire et lui ordonne de sortir du corps du magistrat : « Je ne me soucie guère de la façon dont tu es entré en cet homme, mais je t'ordonne d'en sortir au nom de Notre Seigneur Jésus-Christ. » La parole impérative qui libère le magistrat impérial se retrouvera tout au long de l'histoire des exorcismes et dans les rituels. Elle est bien sûr à l'imitation de Jésus-Christ qui, durant sa mission terrestre, a plusieurs fois « ordonné » au démon de quitter le corps d'un possédé[1].

## UN DES PREMIERS FORMULAIRES D'EXORCISME

Dix ans après la mort d'Hilarion, on trouve un des premiers formulaires d'exorcisme connu, sous la forme d'une prière de délivrance. Il figure dans les *Constitutions apostoliques*, compilation réalisée vers 380 dans la région d'Antioche. Le livre VIII est un recueil de traditions catéchétiques, liturgiques et canoniques qui se rapportent notamment à la célébration eucharistique. On trouve le formulaire d'exorcisme au chapitre 7[2].

---

1. Carine Basquin-Matthey a relevé une évolution significative d'une part entre les exorcismes évangéliques et apostoliques et les exorcismes accomplis par Antoine, et d'autre part entre les exorcismes accomplis par Antoine et les exorcismes accomplis par Hilarion : C. Basquin-Matthey, « Les exorcismes dans la *Vie d'Hilarion* : entre intertextualité et originalité », *Revue des sciences religieuses*, 89, 2015, n° 2, p. 165-184.
2. *Les Constitutions apostoliques*, t. III, Paris, Éd. du Cerf, coll. « Sources chrétiennes », 1987, p. 156-159.

Lors de la messe, après la liturgie de la parole, les catéchumènes sont renvoyés avant la célébration des saints mystères. Puis, ceux qui sont « possédés par des esprits impurs » sont renvoyés à leur tour après que le diacre a invité l'assemblée à prier pour eux, et les possédés, à prier aussi pour leur délivrance :

> Priez, vous qui êtes possédés par des esprits impurs. Tous, avec ferveur, prions pour eux, afin que Dieu, dans son amour pour les hommes, réprime par le Christ les esprits impurs et méchants et délivre de l'oppression de l'adversaire ceux qui l'en supplient ; celui qui a réprimé la légion de démons et le Diable, principe du mal, qu'il réprime maintenant les renégats de la foi, délivre ses créatures de leur emprise et les purifie, elles qu'il a créées avec tant de sagesse. Avec ferveur, prions encore pour eux : sauve-les et relève-les, Dieu, dans ta puissance. Inclinez-vous, possédés, et recevez la bénédiction.

Après cette prière de délivrance dirigée par le diacre, l'évêque prononce une prière solennelle qui peut être considérée comme une prière d'exorcisme :

> Toi qui as ligoté l'homme fort et emporté tout son équipement, toi qui nous as donné le pouvoir de fouler aux pieds serpents, scorpions et toute puissance de l'ennemi, toi qui nous as livré enchaîné le serpent homicide, comme un petit moineau à des enfants, toi que craint tout l'univers, frémissant devant ta puissance, toi qui as précipité le [Malin] comme l'éclair du haut du ciel sur la terre, non pas par une chute localisée, mais du sommet de son honneur dans l'ignominie, à cause de sa volonté malveillante, toi dont le regard dessèche l'abîme, dont les menaces liquéfient les montagnes et dont la vérité demeure pour les siècles, toi que louent les petits enfants, que bénissent les nourrissons, que célèbrent et adorent les anges, toi qui regardes la terre et la fais trembler, qui touche les montagnes et elles fument, qui menaces la mer et la dessèches et fais tarir les fleuves, toi pour qui les nuages sont poussière sous les pieds, toi qui marches sur la mer comme sur le sol, Dieu Monogène, Fils du Père de grandeur, réprime les esprits mauvais, et l'œuvre de tes mains, libère-la de l'emprise de l'esprit ennemi, car à toi gloire, honneur et vénération, et, par toi, à ton Père dans l'Esprit Saint pour les siècles. Amen.

À cette époque, saint Ambroise (339-397), évêque de Milan, a pratiqué de nombreux exorcismes que son biographe, Paulin, a rapportés. Sans les évoquer ici, on relèvera que, dans un de ses traités, saint Ambroise cite « l'imposition des mains », au nom du Christ, comme un des meilleurs moyens de « commander aux esprits immondes au nom de Jésus »[1]. Et il avertit que le clerc exorciste

> ne doit [pas] se vanter ni s'attribuer le bienfait d'avoir purifié un homme, puisqu'en lui c'est le pouvoir d'un nom éternel [celui du Christ] qui a opéré, non pas une capacité quelconque de la faiblesse humaine : le démon n'est pas vaincu par votre mérite, mais par la haine dont il est l'objet.

Dans la tradition liturgique existe un exorcisme dit de saint Ambroise. Il n'a sans doute pas été rédigé par lui, mais il figure dans le *Pontifical romano-germanique* qui date du xe siècle.

---

1. Saint Ambroise de Milan, *Traité sur l'évangile de saint Luc*, Paris, Éd. du Cerf, coll. « Sources chrétiennes », 1958, l. VII, 29.

CHAPITRE 3

# SAINT MARTIN DE TOURS ET LES EXORCISTES DES IV$^{e}$, V$^{e}$ ET VI$^{e}$ SIÈCLES

Saint Martin, mort en 397, fut le troisième évêque de Tours. Il fut moine à Marmoutier avant d'être évêque, et il est considéré comme le père du monachisme en Occident. Son principal biographe, Sulpice Sévère, rapporte de nombreux épisodes de sa vie, insistant sur ses vertus et sur les miracles qu'il a accomplis. Mais on a justement fait remarquer que la *Vie de saint Martin* est

> bâtie sur un plan précis, articulé sur le combat contre le diable, au niveau personnel puis collectif. Sulpice Sévère veut montrer comment saint Martin se libère, par la grâce, des structures du péché de son temps, de Satan lui-même et de Satan en tant qu'il trompe le peuple. Puis Sulpice manifeste comment le saint, parvenu à la pleine maturité de sa vie spirituelle, fait tomber les structures de péché de son peuple (le paganisme des campagnes), libère les individus des démons, et enfin achève son ministère dans un face-à-face eschatologique, dont la victoire signe la défaite définitive de l'esprit du mal, sur le territoire de la Gaule[1].

Sulpice Sévère, dans sa *Vie de saint Martin*, rapporte différents épisodes qui montrent comment saint Martin fut fréquemment

1. Père J.-B. Golfier, *Tactiques du diable et délivrances*, p. 602.

l'objet des attaques du démon et des *illusiones Diaboli* (« illusions du Diable ») :

> Il est certain que même des anges lui apparurent assez souvent, jusqu'à engager la conversation et à s'entretenir avec lui. Quant au diable, il le voyait de ses yeux si facilement et si distinctement qu'il le reconnaissait sous n'importe quel aspect : qu'il conservât sa nature propre, ou qu'il se transformât, prenant les figures du mal spirituel. Et sachant qu'il lui était impossible d'échapper, le diable l'accablait fréquemment d'invectives, dans l'incapacité où il était de l'abuser par ses ruses. Fréquemment, le diable, dans ses tentatives pour se jouer du saint homme par mille artifices nuisibles, se manifestait à sa vue sous les formes les plus diverses. Car il se présentait à lui en métamorphosant son visage, parfois sous les traits de Jupiter, la plupart du temps en Mercure, souvent même en Vénus et en Minerve. Contre lui, Martin toujours impavide s'armait du signe de la croix et du secours de la prière. On entendait en général les invectives dont l'accablait une foule de démons aux clameurs effrontées. Mais, sachant bien que tout cela n'était que vains mensonges, il ne se laissait pas émouvoir par ces accusations[1].

Saint Martin a raconté lui-même à Sulpice comment le diable lui apparut un jour sous les traits du Christ en sa Parousie :

> [le Diable] se fit précéder d'une lumière brillante dont il s'enveloppa lui-même, pour se jouer de lui [Martin] plus aisément à la lueur d'un éclat emprunté ; revêtant également le costume du souverain, ceignant un diadème de pierres précieuses et d'or, les brodequins dorés aux pieds, l'air serein, le visage souriant, au point qu'il avait l'air de tout sauf du diable, il apparut à Martin en prières dans sa cellule. Au premier abord, Martin en demeura stupéfait, et tous deux gardèrent longuement un profond silence. Puis le diable prit la parole le premier : « Martin, reconnais celui que tu vois : je suis le Christ. Au moment de descendre sur la terre, j'ai tenu à me révéler auparavant à toi. » À ces mots, comme Martin se taisait sans proférer la moindre

1. Sulpice Sévère, *Vie de saint Martin*, Introduction, texte et traduction par J. Fontaine, Paris, Éd. du Cerf, coll. « Sources chrétiennes », 1967, l. VII, chap. 21 à 24.

réponse, le diable osa renouveler son imprudente déclaration : « Martin, pourquoi hésites-tu ? Crois, puisque tu vois ! Je suis le Christ. » Alors Martin, à qui une révélation de l'Esprit donnait à entendre que c'était le diable, et non le Seigneur : « Non, dit-il, le Seigneur Jésus n'a point prédit qu'il viendrait vêtu de pourpre, ni avec un diadème éclatant ; pour ma part, je ne croirai à la venue du Christ que s'il se présente avec les habits et sous l'aspect qu'il avait lors de sa Passion, et s'il porte clairement les marques de la croix. » À ces mots, l'autre s'évanouit aussitôt comme une fumée. Il remplit la cellule d'une telle puanteur qu'il laissait ainsi la preuve indiscutable de ce qu'il était le diable. Ces faits, tels que je viens de les rapporter, je les ai appris de la bouche de Martin lui-même – pour que personne n'aille croire que ce soient des histoires.

## LES EXORCISMES DE SAINT MARTIN

Saint Martin lutte contre le démon qui l'assaille, mais combat aussi le démon qui possède le corps de certains fidèles.

Dans le livre VI de la *Vie de saint Martin*, au chapitre 17, Sulpice Sévère rapporte trois exorcismes accomplis par saint Martin. Il « expulse l'esprit impur » qui possédait l'esclave du proconsul Tétradius en lui « imposant la main ». Le plus spectaculaire est celui accompli sur le cuisinier d'un maître de maison. L'homme, pris d'une « crise de rage », « se met à déchirer à belles dents tous ceux qui étaient sur son passage ». Martin lui donne d'abord « l'ordre de s'arrêter ». Puis,

comme l'autre grondait en montrant les dents et, la bouche grande ouverte, menaçant de mordre, Martin lui enfonça ses doigts dans la bouche en disant : « Si tu as quelque pouvoir, dévore-les. » Mais alors le possédé, comme s'il avait reçu dans la gorge un fer incandescent, écartait ses dents loin des doigts du bienheureux en se gardant bien de les toucher. Contraint par ces châtiments et ces tortures à fuir le corps qu'il possédait, mais n'étant point autorisé à sortir par la bouche, il fut évacué par un flux de ventre, en laissant derrière lui des traces repoussantes.

On remarquera la différence de méthode, qui dépend peut-être de la gravité de la possession. Dans un cas, une simple imposition des mains ; dans l'autre, une formule impérative : Martin donne l'ordre à Satan de sortir du corps du possédé. Une formule d'exorcisme, dite « Exorcisme de saint Martin », est connue et a été recueillie dans le *Pontifical romano-germanique* compilé entre 880 et 960. Mais elle ne figure pas chez Sulpice Sévère.

Dans les *Dialogues*, Sulpice Sévère rapporte les exorcismes accomplis par Martin, une fois devenu évêque[1]. Les possédés étaient autorisés à rester dans la cathédrale en attendant d'être exorcisés par Martin. Dès qu'il quittait sa cellule pour se rendre à l'église, « on pouvait voir [...] les énergumènes rugir [...]. Les plaintes des démons indiquaient l'arrivée de l'évêque aux clercs qui ignoraient sa venue prochaine ».

Dans sa cathédrale, Martin exorcise d'une manière différente de celles qu'on a déjà évoquées :

> Il n'en touchait aucun de ses mains et il n'en invectivait aucun de ses paroles (à la manière dont généralement les clercs font tournoyer une foule de mots) ; mais il faisait approcher les énergumènes, ordonnait à toutes les autres personnes de se retirer et, les portes verrouillées, enveloppé dans son cilice et aspergé de cendre, il priait prosterné sur le sol au milieu de l'église.

Les démons étaient contraints de sortir du corps des possédés, « avouant leurs crimes, révélant leurs noms ».

Ici, il n'y a pas d'imposition des mains ou de formule impérative, mais les démons sont chassés par la prière et la pénitence.

---

1. *Gallus. Dialogues sur les « vertus » de saint Martin*, Introduction, édition critique, traduction et notes par J. Fontaine, Paris, Éd. du Cerf, coll. « Sources chrétiennes », 2006, l. III, chap. 6.

## UNE VINGTAINE D'EXORCISMES *POST-MORTEM*

La sainteté de sa vie et les miracles qui furent attribués à saint Martin de son vivant firent aussitôt de son tombeau un lieu de pèlerinage. Les miracles attribués à son intercession se poursuivirent longtemps après sa mort. Saint Grégoire, qui fut deux siècles plus tard son successeur sur le siège épiscopal de Tours, a composé, en quatre livres, un recueil des miracles attribués à l'intercession de saint Martin et qui se sont produits pendant son propre épiscopat, de 573 à 594[1].

L'évêque Grégoire est un historien rigoureux, dont témoigne son autre grande œuvre, l'*Histoire des Francs*, qui lui vaudra plus tard le titre de « père de l'histoire de France ». Les miracles qu'il rapporte, il les a constatés lui-même : il a pu interroger les bénéficiaires ou des témoins – ou ils ont été scrupuleusement enregistrés par les gardiens des différents lieux saints où ils se sont produits. Aux premières lignes de son recueil, Grégoire rappelle la bonne doctrine des miracles : ils ne sont pas l'œuvre extraordinaire du saint, mais « les miracles que le Seigneur notre Dieu daigna opérer par l'intermédiaire du bienheureux Martin ».

Les 207 miracles attribués à l'intercession de saint Martin après sa mort, et rapportés par saint Grégoire, sont très divers : il guérit – c'est le plus grand nombre des miracles – mais il est aussi invoqué avec succès face à des périls naturels, il libère des innocents injustement condamnés et des esclaves, il délivre des possédés (« énergumènes ») et chasse les démons.

Les cas relevés par saint Grégoire sont très divers. En voici quelques exemples.

Un jeune homme qui chassait en forêt fut soudainement, à la suite d'un incident (« un piège tendu par l'Ennemi », dit seulement Grégoire), « saisi d'une affreuse terreur » qui lui fit perdre la raison. Pour le soigner, ses parents eurent d'abord recours « à des ligatures

1. Grégoire de Tours, *Les Miracles de saint Martin*, Paris, Éd. du Cerf, coll. « Sources chrétiennes », 2023.

et à des potions fournies par des sorciers et des devins [*sortilegis et hariolis*] ». Puis ils l'amenèrent sur le tombeau de saint Martin dans la basilique de Tours, « où, s'appliquant à la prière et à la plus grande sobriété, il demandait sans relâche le secours du saint. Après qu'il eut, dans sa foi, ainsi persévéré fort longtemps, il recouvra, comme par le passé, la raison ». Il resta dès lors « au service de ce lieu, en reconnaissance du bienfait qu'il y a reçu ».

« Lorsqu'ils [les énergumènes et les fiévreux] sont durement éprouvés par un accès de fièvre, nombre d'entre eux en proie aux frissons demeurent couchés toute la journée entre l'autel et le saint tombeau ; mais le soir, après avoir avalé de la poussière du bienheureux sépulcre, ils méritent de retrouver immédiatement la santé. »

Dans la cellule de Candes, où saint Martin est mort, l'énergumène Desiderius, « après avoir passé la nuit entière à se livrer à des transports furieux, le matin venu, [...] se mit à hurler que le bienheureux Martin le brûlait. Comme il vomissait, au milieu de ses cris, je ne sais quelle humeur purulente mêlée de sang, le démon fut expulsé et lui, purifié ; ainsi sauvé, laissant derrière lui le sol infecté de cette sanie, il quitta la cellule ».

À la Saint-Martin d'été de 577, « trois énergumènes, qui se frappaient eux-mêmes violemment et injuriaient le bienheureux évêque [saint Martin], se mirent à avouer leurs crimes et à supplier que le saint leur accordât son pardon ; ils rejetèrent par la bouche je ne sais quelle humeur purulente et furent ainsi purifiés par le pouvoir du saint ».

Grégoire de Tours rapporte aussi un cas où le démon a été chassé par le simple fait que le possédé s'est tenu près de la tombe de saint Martin :

> Se trouvait auprès de la basilique du bienheureux un certain énergumène : comme le démon hurlait qu'il souffrait de multiples tortures et avouait qu'il était chassé par le bienheureux évêque de l'enveloppe corporelle dont il s'était emparé, il se roula à terre, puis se mit à rejeter par la bouche un sang fétide. Il demeura ainsi couché près de deux heures et, le démon ayant été expulsé, il se releva, purifié.

On le voit, ces exorcismes accomplis post-mortem par saint Martin se produisent sans intervention humaine, mais tous au contact de son tombeau ou dans les lieux où il a vécu.

## LA MÉDAILLE DE SAINT BENOÎT

Plus d'un siècle plus tard, saint Benoît de Nursie (480-547), le fondateur de l'ordre bénédictin, est connu aussi par ses nombreux miracles, rapportés par saint Grégoire le Grand dans sa *Vie de saint Benoît* qui figure dans ses *Dialogues* et par le recueil des *Miracles de saint Benoît*[1]. Parmi ces miracles, il y a plusieurs épisodes où saint Benoît chasse le démon. On ne citera que deux de ces épisodes qui sont significatifs des différents moyens qu'il employait pour chasser le démon.

Un clerc d'Aquino, qui n'était pas encore prêtre, « subissait les vexations du démon ». Son évêque l'avait envoyé dans différents sanctuaires pour y être délivré. Ce fut sans succès. Alors, le clerc possédé fut envoyé à saint Benoît qui, « se répandant en prières adressées au Seigneur Jésus-Christ, chassa incontinent l'antique ennemi de cet homme obsédé ». Puis, après sa délivrance, il lui recommanda : « Va, ne mange plus de chair, et n'aie jamais l'audace d'accéder à l'Ordre sacré. Car quel que soit le jour où tu oserais profaner le saint Ordre par ta témérité, aussitôt le démon reprendrait sur toi tous ses droits[2]. »

Les prières adressées au Christ sont sans doute des formules d'exorcisme qui ne nous sont pas parvenues. Est significative l'exhortation qui a suivi la délivrance : ce clerc, à cause de sa faiblesse, ne doit pas se faire ordonner prêtre pour ne pas donner au diable l'occasion de le tourmenter à nouveau.

Un autre exorcisme met en œuvre une tout autre pratique : « Un ancien parmi les moines [était] en train de puiser de l'eau ; [le

1. Grégoire le Grand, *Dialogues*, Paris, Éd. du Cerf, coll. « Sources chrétiennes », 3 vol., 1978-1980 ; *Les Miracles de saint Benoît*, trad. A. Davril o.s.b., A. Dufour et G. Labory, Paris, CNRS Éditions, 2019.
2. Grégoire le Grand, *Dialogues*, l. II, 16, 1.

diable] entra aussitôt en lui, le jeta à terre et lui fit de très rudes vexations. » Lorsqu'il revint de sa prière, saint Benoît, le voyant « si cruellement traité », eut pitié de lui et, « pour tout remède, lui donna un soufflet et sous la secousse, l'esprit malin en sortit aussitôt, à tel point qu'il n'osa plus jamais y revenir »[1].

Beaucoup plus célèbre est la Médaille de saint Benoît, répandue dans le monde entier et réputée très efficace pour éloigner le démon et les tentations. Sur une face est représenté saint Benoît, sur l'autre face, une croix formée d'initiales et entourée d'autres initiales :

C

**C** S **S**

N D S M D

**P** M **B**

L

Les quatre lettres CSPB (ici en gras), placées entre les branches de cette croix, signifient CRUX SANCTI PATRIS BENEDICTI (« croix du saint père Benoît »).

Les initiales à la verticale CSSML signifient : CRUX SACRA SIT MIHI LUX (« Que la sainte Croix soit ma lumière »).

Les initiales à l'horizontale NDSMD signifient : NON DRACO SIT MIHI DUX (« Que le dragon ne soit pas mon guide »).

D'autres initiales encerclent cette croix : VRSNSMVSM QLIVB, ce qui signifie : VADE RETRO SATANA ; NUNQUAM SUADE MIHI VANA ; SUNT MALA QUAE LIBAS ; IPSE VENENA BIBAS (« Retire-toi, Satan ; ne me conseille

1. *Ibid.*, l. II, 30, 1.

jamais tes vanités : les breuvages que tu offres, c'est le mal : bois toi-même tes poisons »).

Cette médaille ne date pas de l'époque de saint Benoît. Dom Guéranger, le restaurateur du monachisme bénédictin en France au XIXe siècle, reconnaissait : « Il serait impossible d'assigner avec précision l'époque à laquelle a commencé l'usage de la médaille[1]. » Il est attesté néanmoins que les deux disciples de saint Benoît, saint Placide et saint Maur, « ont accompli leurs œuvres miraculeuses en associant à la puissance de la sainte Croix les mérites de leur maître saint Benoît ». Les paroles qui entourent la croix sont des paroles de saint Benoît et font référence à des épisodes de sa vie.

Si la médaille de saint Benoît, telle qu'on la connaît aujourd'hui, est de composition tardive, elle est faite d'éléments qu'on trouve dans des inscriptions murales et des manuscrits à des époques anciennes.

Dom Guéranger ajoutait qu'il est

> avantageux d'employer avec foi la médaille de saint Benoît dans les occasions où nous aurions à craindre les embûches de l'ennemi. Sa protection, n'en doutons pas, se montrera efficace dans toutes sortes de tentations. Des faits nombreux et incontestables ont signalé aussi son puissant secours dans mille occasions où, soit par l'action spontanée de Satan, soit par l'effet de quelque maléfice, les fidèles auraient eu à redouter un péril. Nous la pourrons employer aussi en faveur des autres, comme moyen de préservation ou de délivrance, dans la prévision des dangers qu'ils auraient à courir. Souvent des accidents imprévus nous menacent sur terre ou sur mer : portons sur nous avec foi la médaille, et nous serons protégés[2].

---

1. P. GUÉRANGER, *Essai sur l'origine, la signification et les privilèges de la médaille ou croix de saint Benoît*, Oudin, 1862 ; dernière édition : Trifolium, 2012.
2. *Ibid.*

## LES EXORCISMES DES SAINTS ÉVÊQUES ET MOINES

Saint Grégoire, né à Clermont en 539, acheva son éducation auprès de son oncle, Nizier, évêque de Lyon. Puis, pendant dix ans, il fut diacre attaché à la basilique Saint-Julien de Brioude, jusqu'à ce qu'il soit nommé évêque de Tours en 573 – charge qu'il occupa jusqu'à sa mort, pendant plus de vingt ans. Dans tous les lieux où il a vécu, en Auvergne, dans le Lyonnais et en Touraine, il s'est attaché à recueillir les traits édifiants et les miracles d'une vingtaine de saints qui ont marqué l'évangélisation de ces régions. Entre 587 et 593, il a rédigé la *Vie des Pères* qui se rapporte à vingt-trois saints évêques ou moines qui ont vécu aux IVe, Ve ou VIe siècles[1]. Il écrit en historien rigoureux : pour chacun, il précise d'où il tient ses informations – les témoignages oraux ou écrits qu'il a recueillis, les récits rapportés par des disciples, voire ce qu'il a appris lui-même auprès de celui dont il raconte la vie (ainsi pour son oncle saint Nizier). Dans cette vingtaine de biographies, on trouve de nombreux épisodes où un saint moine ou un saint évêque chasse le démon. Ils illustrent la façon dont les exorcismes étaient pratiqués alors.

Saint Allyre (Illidius en latin), évêque de Clermont, mort en 384, fut convoqué par l'empereur Maxime. L'empereur résidait à Trèves et désespérait que sa fille, possédée du démon, en fût délivrée. Le saint évêque, « s'en remettant au Seigneur, se prosterne en prières et, après avoir passé la nuit en hymnes sacrées et en cantiques spirituels, il extirpa, de ses doigts introduits dans la bouche de la jeune fille, l'esprit malin du corps de la possédée ».

On retrouve la même pratique d'exorcisme dans la vie de saint Quintien, qui fut évêque de Rodez puis évêque de Clermont et qui mourut en 526. De passage au monastère de Combronde, il y vit un « énergumène » en proie à d'horribles convulsions. Il envoya des prêtres pour l'exorciser. Ils prièrent et lui imposèrent les mains ; mais leur exorcisme n'ayant pu chasser le démon, « le saint de Dieu

1. Tous les récits cités ici sont tirés de Grégoire de Tours, *La Vie des Pères*, édition latine et traduction par Luce Pietri, Paris, Les Belles Lettres, 2016.

s'approchant tout près et introduisant ses doigts dans la bouche de l'individu, rendit la liberté à la personne ».

Saint Patrocle, mort vers 576, alors qu'il était dans son ermitage de Mediocantus (aujourd'hui La Celle, dans l'Allier), exerça un ministère d'exorciste : « En leur imposant les mains et en faisant le signe de la croix qui mettait en fuite les démons, il rendait à de nombreux énergumènes l'intégrité de l'esprit. » Il fut confronté à un cas particulièrement spectaculaire : on lui amena un possédé qui « était comme enragé ; sa bouche s'ouvrait béante sur des dents ensanglantées et de ses propres dents, il déchirait tout ce qu'il pouvait atteindre ». Saint Patrocle se mit en prière pendant trois jours, puis il libéra le possédé : « Après avoir introduit ses doigts dans sa bouche et fait fuir l'esprit cruel et bestial, il rendit à sa personne la santé. »

Saint Nizier, évêque de Lyon, mort en 573, exorcisa un diacre possédé du démon. L'épisode se passa dans « le sanctuaire » (c'est-à-dire la cathédrale de Lyon). Le diacre possédé commença à chanter inopinément alors que l'office de matines avait déjà commencé. Saint Nizier provoqua chez lui « une extinction de voix qui [le] réduisit au silence ». Puis il le fit venir auprès de lui : « Le démon qui [le] possédait se mit à crier et à avouer qu'il était tourmenté par d'immenses souffrances que lui infligeait le saint. » Saint Nizier imposa les mains sur le diacre et lui rendit ainsi « l'intégrité de l'esprit ».

Inversement, saint Grégoire, évêque de Langres, mort en 539, délivra des possédés dès le début de son épiscopat « sans procéder à aucun attouchement et en usant de la parole » : « Il commandait aux démons de s'en aller, en faisant seulement le signe de croix devant eux. Aussitôt qu'ils l'entendaient, ces derniers délivraient les corps qu'ils avaient enchaînés par leur fourberie. »

Saint Calupan (Caluppa en latin), mort en 576, vivait en reclus dans une grotte non loin du monastère de Méallet, dans le Cantal. Un jour, il fut attaqué par « deux dragons immenses[1] ». L'un d'eux

---

1. Le dragon ici, comme dans beaucoup de textes relatifs au diable, ne fait pas référence à quelque animal fabuleux, mais aux noms du démon dans l'Apocalypse : « L'énorme Dragon, l'antique Serpent, le Diable ou le Satan » (12, 9 et 20, 1).

« éleva sa face à la hauteur de la face du bienheureux, comme s'il voulait lui murmurer quelque chose ». Calupan resta « glacé d'épouvante [...] incapable de bouger ». Puis il récita « en son cœur » le *Notre Père*. « Tandis qu'il s'exprime en silence, peu à peu ses membres, qui avaient été enchaînés par l'artifice de l'ennemi, commencent à se libérer. » Il put alors faire un signe de croix sur son visage, puis un signe de croix sur la bête en lui tenant un discours qu'on peut considérer comme un exorcisme :

> N'es-tu pas celui qui a chassé du séjour paradisiaque la première créature, qui a rougi de sang la droite du fratricide, qui a armé Pharaon pour persécuter le peuple de Dieu, qui enfin poussa ce même peuple hébreu, en enflammant sa jalousie, à persécuter le Seigneur ? Éloigne-toi des serviteurs de Dieu, par lesquels tu as été tant de fois vaincu et acculé à une fuite honteuse. N'as-tu pas été en Caïn chassé, en Ésaü supplanté, en Goliath terrassé, en Judas, le traître, pendu ? C'est par la vertu de cette même croix du Seigneur que tu as, avec tes puissances et tes dominations, été définitivement vaincu et écrasé. Courbe donc maintenant la tête, ennemi de Dieu, et humilie-toi devant le signe de la divine croix, car tu n'as pas part, comme l'ont les serviteurs de Dieu, à l'héritage du royaume du Christ.

Sommé de disparaître, le premier dragon s'en alla « se cacher sous la terre, rempli en retour d'humiliation ». Tandis que le second « dragon ou serpent » commençait à s'enrouler autour des pieds et des jambes de l'ermite, celui-ci se mit en prière et lui ordonna de s'en aller : « Va-t'en Satan, au nom du Christ qui est mien, tu ne pourras plus me faire du mal. »

Saint Mars, abbé à Clermont, mort vers 530, « chassait les démons du corps des possédés en prononçant le nom de Jésus-Christ ». Saint Venant, abbé à Tours au v<sup>e</sup> siècle, délivrait les possédés « par l'invocation du nom de la Trinité ».

## EXORCISER : UNE MISSION DONNÉE PAR L'ÉVÊQUE

Les *Constitutions apostoliques*, qu'on a déjà évoquées, et qui datent de 380, ne prévoyaient que cinq ordinations, où ne figuraient pas les exorcistes. Elles précisaient : « On devient exorciste non par ordre sacré, mais par décision personnelle, bonne volonté, force d'âme et grâce. » Administrer l'exorcisme relevait donc d'un charisme spécial, exercé sans avoir reçu une ordination particulière. Mais, une quinzaine d'années auparavant, le concile de Laodicée (vers 364) avait affirmé en son 26e canon : « Celui qui n'y a pas été promu par l'évêque ne doit exorciser ni dans les églises, ni dans les maisons. »

Cette discipline va être confirmée par le pape Innocent Ier en 416. Décentius, évêque du diocèse de Gubbio, lui avait demandé qui pouvait administrer l'exorcisme. Le 19 mars 416, le pape lui répondit par une lettre qui a été conservée et a servi dès lors de référence[1].

Ce document donne déjà une indication sur les deux façons les plus répandues à cette époque de pratiquer l'exorcisme : la « signation » ou « consignation » (c'est-à-dire marquer le front du signe de la croix par une onction d'huile sainte) et l'imposition des mains. Innocent Ier affirme : « Cela n'est permis que si l'évêque en a donné l'ordre. En effet on ne doit absolument pas leur imposer la main si l'évêque n'a pas donné le pouvoir de le faire. Mais, pour que cela se fasse, l'évêque n'a qu'à ordonner que la main leur soit imposée par un prêtre ou un diacre. »

Clairement, même si le mot « exorcisme » n'est pas employé dans le texte, le pape ordonne qu'ils ne soient administrés que par autorisation de l'évêque. Même si cette discipline ne sera appliquée dans toute l'Église que progressivement, on peut considérer que cette lettre de 416 est la date de fondation du ministère de

---

1. R. Cabié, *La Lettre du pape Innocent Ier* à *Décentius de Gubbio (19 mars 416)*, texte critique, traduction et commentaire, Louvain, Presses de l'université de Louvain, 1973. On doit se référer aussi à la recension qu'en a faite P. Nautin dans la *Revue de l'histoire des religions*, t. 188, 1975, n° 2, p. 207-208.

l'exorcisme tel qu'il s'exerce encore aujourd'hui : uniquement sous la juridiction de l'évêque diocésain.

Dans la suite de cette lettre d'Innocent Ier, on a, quelques décennies plus tard, l'apparition d'un premier rituel d'ordination des exorcistes. On le trouve dans les *Statuta Ecclesiae Antiqua*, compilation réalisée vers 480 par Gennade de Marseille[1]. Quatre canons – les 62, 63, 64 et 95 – sont relatifs aux exorcistes et aux possédés. On retrouve l'imposition des mains comme moyen habituel d'exorciser : « Que les exorcistes imposent les mains chaque jour aux possédés » (canon 62). On relèvera que c'est une action à répéter et on ne dit rien des prières qui accompagnent ce geste.

En revanche, pour la première fois, est dit de quelle manière l'évêque confère le ministère de l'exorcisme à un prêtre : « Quand l'exorciste est ordonné, qu'il reçoive de la main de l'évêque un livret où sont inscrits les exorcismes, l'évêque lui disant : “Reçois et emploie à bon escient [ce livret] ; aie le pouvoir d'imposer les mains au possédé soit baptisé, soit catéchumène” » (canon 95).

Ce canon confirme que seul l'évêque confère le ministère de l'exorcisme. Il nous apprend aussi qu'à cette époque existe déjà un recueil liturgique des exorcismes, un rituel.

1. Ch. Munier, *Les Statuta Ecclesiae Antiqua*, édition et études critiques, Paris, Presses universitaires de France, 1960. Il n'existe pas de traduction française des *Statuta*. Les canons cités ici ont été traduits avec l'aide d'un latiniste.

CHAPITRE 4

# SAINT BERNARD (1090-1153) ET SAINTE HILDEGARDE DE BINGEN (1098-1179)

Saint Bernard de Clairvaux est assurément une des plus grandes figures du XIIe siècle, et même du Moyen Âge. Né en 1090, à 23 ans il entre à l'abbaye de Cîteaux avec son oncle Gaudry, trois de ses frères (Barthélemy, André et Guy) et d'autres compagnons. Par la suite, il sera le fondateur du monastère de Clairvaux et de nombreux autres monastères. Il sera aussi un grand prédicateur, commentateur des Saintes Écritures, théologien et controversiste. Il fut également un grand thaumaturge, terme un peu trop générique si on y place à la fois les miracles obtenus à son intercession (de son vivant), les épisodes surnaturels survenus dans sa vie, et les faits édifiants observés dans son ministère. André Picard et Pierre Boglioni ont recensé, dans les trois *Vitae* de saint Bernard, 382 événements qui dépassent les lois de la nature. Ils les distinguent en quatre catégories : 224 guérisons (dont deux résurrections) ; 100 apparitions, révélations, visions et prophéties ; 23 victoires sur Satan et 35 autres faits merveilleux (pouvoir sur la nature, miracles de la Providence, punitions, conversions, châtiments)[1].

---

1. P. Boglioni et A. Picard, « Miracle et thaumaturgie dans la vie de saint Bernard de Clairvaux », dans *Vies et légendes de saint Bernard de Clairvaux. Création, diffusion, réception (XIIe-XXe s.), Commentarii Cistercienses*, t. V, 1993, p. 36-59 (tableau récapitulatif et classification p. 59).

Ils soulignent aussi que son charisme de thaumaturge a, selon les cas, une portée pastorale ou une valeur apologétique :

> L'attitude de l'abbé de Clairvaux qui ne se soustrait pas aux foules, qui accepte volontiers de bénir, d'imposer les mains sur tous, petits ou grands, révèle Bernard comme un pasteur qui laisse agir son charisme thaumaturgique pour exciter la foi du peuple, à tel point que souvent c'est avec de grandes difficultés qu'on doit l'arracher à la foule. Lorsqu'au contraire la foule des hérétiques reste indifférente, le saint s'adresse au Seigneur dans sa prière afin que les signes viennent au secours de sa parole. Autrement dit, il lui arrive d'utiliser son charisme pour ses propres fins apologétiques[1].

Si l'on se réfère à la *Vita Prima*, on constate que saint Bernard affirmait que « les miracles sont la preuve de la sainteté ». En même temps, il avait conscience de son indignité :

> Je me demande avec le plus grand étonnement ce que signifient ces miracles, et pourquoi il a paru bon à Dieu d'accomplir de telles choses par l'intermédiaire d'un homme tel que moi [...]. Quant à moi, j'ai conscience que je suis éloigné tant de la perfection que de l'imposture. Car je sais que je ne possède pas les mérites des saints, mérites qui soient dignes d'être magnifiés par des miracles[2].

Il disait aussi que les « signes » (miracles et autres faits surnaturels) se font pour « le salut de plusieurs » : « Dieu n'opère pas ces signes dans le but de prouver que ceux par qui il les opère sont plus saints que les autres, mais pour inspirer aux autres plus d'amour et de zèle pour la sainteté[3]. »

Pour s'en tenir ici aux exorcismes, on constate qu'ils jalonnent différents moments du ministère et de l'apostolat de saint Bernard,

---

1. *Ibid.*
2. Geoffroy d'Auxerre, Guillaume de Saint-Thierry, Arnaud de Bonneval, *Vie de saint Bernard, abbé de Clairvaux*, trad. par le père R. Fassetta, Paris, Éd. du Cerf, coll. « Sources chrétiennes », 2022, l. III, chap. 20, p. 79 (édition critique de ce que l'on appelle la *Vita prima* et première traduction intégrale).
3. *Ibid.*

particulièrement lorsqu'il était en voyage. Ses premiers biographes, Guillaume de Saint-Thierry, Arnaud de Bonneval et Guillaume d'Auxerre, auteurs des quatre livres de la *Vita Prima*, rapportent de façon détaillée de nombreux épisodes où il a combattu le diable et expulsé le démon du corps des possédés.

Le premier fait de cet ordre qui nous est parvenu se rapporte non pas à une *possession*, mais à une *infestation*[1]. Foigny fut le troisième monastère fondé par l'abbaye de Clairvaux, en 1121. Il fut construit sur de vastes prairies entourées de collines boisées, dans le diocèse de Laon. La dédicace de l'église abbatiale était prévue le 11 novembre 1124. Dans les jours précédents, « une multitude incroyable de mouches l'avait envahie, si bien que leur bourdonnement et leur vol importun causaient une gêne très pénible pour les chasser ». Tous les moyens employés pour les chasser échouèrent. Saint Bernard, venu à Foigny pour présider la cérémonie de la dédicace, eut alors recours à un moyen. La veille de la cérémonie, dans l'église envahie de dizaines de milliers de mouches, il déclara solennellement : « Je les excommunie. » Le matin, rapporte la *Vita prima*, « ils les trouvèrent toutes pareillement mortes. Comme elles avaient recouvert tout le sol, ils les jetèrent dehors à la pelle ; ainsi, ils nettoyèrent enfin l'abbatiale ». L'épisode est passé dans l'histoire sous le nom de « miracle des mouches de Foigny ».

Un historien cistercien a avancé une explication naturelle : « On pourrait arguer que le mois de novembre est l'époque où parfois les mouches se rassemblent au plafond, dans un bourdonnement incessant et insupportable, tombent sur le sol où elles se débattent en tournoyant pour mourir bientôt les pattes en l'air[2]. » D'autres historiens mettent l'épisode en lien avec des procès intentés à des animaux à différentes époques du Moyen Âge. Plus simplement, on peut faire le rapprochement entre cet épisode et un récit que l'on trouve dans le recueil des *Miracles de saint Benoît* où le diable prend l'aspect de « trois grosses mouches[3] ».

---

1. *Vita prima*, l. I, chap. 52.
2. A. Dimier, « Le miracle des mouches de Foigny », *Cîteaux*, t. VIII, 1957, p. 57-62.
3. *Les Miracles de saint Benoît*, I, 31.

Dans la tradition cistercienne, le « miracle des mouches » est considéré comme le premier miracle accompli par saint Bernard et le signe de son action puissante contre une malédiction qui voulait empêcher ou perturber la cérémonie solennelle de dédicace de la nouvelle église abbatiale.

Moins spectaculaire est l'exorcisme que saint Bernard pratiqua à Reims, alors qu'il était dans la ville pour apaiser un conflit entre l'archevêque et les autorités communales[1]. Une femme vint le voir, lui présentant son fils « possédé – croyait-on – du démon » et implorant sa miséricorde. Le jour même, le jeune garçon s'était jeté sur sa mère, « il avait failli la tuer et, devenu muet, aveugle et sourd, tout en ayant les yeux ouverts, il ne voyait pas, et comme tous ses sens étaient hébétés, il restait aussi sans intelligence ». Pris de compassion pour « cette malheureuse mère », saint Bernard fit approcher « le pauvre adolescent » : « Passant doucement ses saintes mains sur sa tête et son visage, [il] commença à lui parler et à lui demander comment il avait osé porter les mains sur sa mère ». On ne sait rien d'autre des paroles de saint Bernard. A-t-il fait quelque prière ? Quelque invocation ? En tout cas, il lui impose les mains avec douceur. Le jeune garçon « rentré en lui-même, reconnut aussitôt son péché et, promettant de se corriger à l'avenir, fut rendu sain et sauf à sa mère ».

La visite du pape Innocent II à l'abbaye de Clairvaux, à l'été 1131, fut l'occasion d'assauts du démon[2]. Il « troubla plusieurs d'entre les frères par une horrible frayeur, tandis qu'ils psalmodiaient au chœur avec transport et ferveur, en présence aussi de quelques cardinaux qui se plaisaient à les entendre et à les regarder ». Un des moines était « possédé par l'esprit malin plus que tous les autres » et blasphéma en disant : « Proclamez : "Je suis le Christ." » D'autres, « terrifiés et tremblants », se réfugièrent auprès de saint Bernard. Celui-ci réussit à chasser le démon. Se tournant vers les moines qui n'étaient pas tourmentés par le diable, il leur dit simplement : « Priez. » Puis « il fit sortir en silence ceux qui

1. *Vita prima*, l. I, chap. 67.
2. *Ibid.*, l. II, chap. 7.

paraissaient troublés et les calma ». Le biographe ne dit pas comment il les « calma », avec quelles paroles et quelles prières. Il dit seulement que « le méchant ennemi » fut « promptement exorcisé » et que « tout ce trouble fut apaisé avec une telle rapidité que les personnes présentes [dans l'église] ne s'aperçurent point de ce qui s'était passé ».

Le livre II, écrit par Arnaud, l'abbé de Bonneval, consacre huit chapitres aux nombreux exorcismes accomplis par saint Bernard lors de son séjour à Milan et dans des villes proches pendant l'été 1135[1]. Quand il se met en prière pour chasser le démon, il se sent investi d'« une puissance descendue du ciel ». Il utilise vraisemblablement des formules d'exorcisme, adjurant le démon de quitter le corps du possédé. À deux reprises, le biographe emploie le mot *increpante*, qui peut se traduire par « blâmant », « faisant des reproches », « réprimandant sévèrement » (le démon) ; une autre fois, pour exorciser un homme qui aboie comme un chien, il « menace le diable » ; une autre fois encore, il « ordonne au diable de s'en aller » (livre II, chapitre 24).

Dans plusieurs cas, l'exorcisme a lieu au cours de la messe. Une première fois, on amena à saint Bernard une petite fille « que le diable tourmentait avec une cruelle violence » alors qu'il était déjà dans le chœur (livre II, chapitre 11). Il déposa quelques gouttes du liquide (*latice*, on ne sait s'il s'agit de l'eau ou du vin) qui allait être utilisé « pour célébrer les saints mystères » dans une patène, pria, et les fit boire à la petite possédée. « À l'instant même, comme s'il se sentait brûlé, Satan ne put supporter la vertu de ce breuvage, mais, pressé intérieurement par l'antidote de la croix, sortit à la hâte et s'échappa tout tremblant dans un hideux vomissement. » Florence Chave-Mahir a relevé « la liberté » que prend saint Bernard dans sa lutte contre le démon : « Clerc, il connaît les contraintes de la liturgie, les gestes et les paroles qu'elle incite à accomplir. Saint, il peut utiliser éléments ou objets selon sa propre inspiration, car le charisme qu'il détient est efficace et suffisant

1. *Ibid.*, l. II, chap. 10 à 17.

contre le démon[1]. » Mais il ne s'attribue pas la victoire sur le démon et, rapporte aussi la *Vita Prima*, « le diable confondu et mis en fuite, l'assemblée chante à Dieu les louanges qui lui sont dues ».

On relève aussi le vomissement, qui est le signe visible à la fois de l'expulsion du démon et de la purification de la possédée. En une autre circonstance (livre II, chapitre 17), le saint fait avaler de force de l'eau bénite à un enfant possédé, avec le même effet visible :

> Dès que l'eau sanctifiée pénétrant en lui descendit dans ses entrailles, comme si un antidote avait été introduit en lui, la puissance maligne s'élança dehors et, dans un vomissement infect, comme s'il était roulé par un torrent impétueux, le démon sortit en toute hâte avec une immense honte.

Une autre fois, l'exorcisme est pratiqué pendant la messe et est encore plus spectaculaire (livre II, chapitres 13 et 14). La possédée en question était une « femme avancée en âge, citoyenne de Milan et jadis dame de condition ». Elle était devenue méconnaissable :

> Le diable s'était installé depuis plusieurs années dans sa poitrine et l'avait déjà suffoquée au point que, privée de la vue, de l'ouïe et de la parole, grinçant des dents et tirant la langue à la manière d'une trompe d'éléphant, elle ne semblait plus une femme, mais un monstre. Sa face sordide, son expression terrible, son haleine fétide, attestaient en elle la présence impure de Satan.

On l'amena à saint Bernard alors qu'il allait célébrer la messe dans la basilique Saint-Ambroise. Il fait prier l'assemblée « avec le plus grand recueillement » et, comme la possédée se montre violente, il « ordonne aux clercs et aux moines qui se tenaient avec lui près de l'autel de placer là même la femme et de la retenir. Elle, résistant et regimbant avec une force non naturelle, mais diabolique, non sans avoir houspillé les autres, frappé d'un coup de pied l'abbé lui-même. » Saint Bernard va célébrer la messe tout en exorcisant en même temps la possédée, en trois étapes. Lorsqu'il fait

1. Fl. CHAVE-MAHIR, *L'Exorcisme des possédés*, p. 213.

les signes de croix sur l'hostie qu'il va consacrer, à chaque fois il se tourne vers la possédée et fait vers elle un autre signe de croix, ce qui met en fureur le diable : « Il se déchaîne plus vivement et, regimbant contre l'aiguillon, montre malgré lui ce qu'il souffre. »

Après la consécration de l'hostie, saint Bernard la plaça sur la patène du calice et tint la patène sur la tête de la possédée en prononçant une formule d'exorcisme qui, pour une fois dans la *Vita prima*, nous a été transmise :

> Esprit impie, voici ton Juge, voici la puissance souveraine. Résiste maintenant, si tu le peux. Voici celui qui, sur le point de souffrir la Passion pour notre salut, a dit : « Maintenant le prince de ce monde va être jeté dehors. » Voici le corps qui fut pris du corps de la Vierge, qui fut étendu sur le bois de la croix, qui fut déposé dans le tombeau, qui ressuscita de la mort, qui monta au ciel sous les yeux des disciples. Ainsi, par la redoutable puissance de cette majesté, je t'ordonne, esprit mauvais, de sortir de sa servante que voici, et de ne point la toucher une deuxième fois.

Cette formule d'exorcisme mêle une profession de foi à une adjuration à Satan.

Le diable résistait encore. « Il tourmentait plus cruellement » la possédée, « montrant d'autant plus de rage qu'il lui restait moins de temps ». Poursuivant la célébration de la messe, saint Bernard rompit l'hostie consacrée puis « il donna la paix au diacre pour qu'il la transmît au peuple ». Alors, « à l'instant même, la paix et la pleine santé furent rendues à la femme. Et l'impie fut contraint de montrer, non par ses aveux mais par sa fuite, combien grandes sont l'efficacité et la vertu des mystères vivifiants ».

Dans une autre circonstance, le saint dut s'y reprendre à deux fois, à quelque temps d'intervalle, pour chasser le démon par la prière (livre II, chapitres 21 et 22). Et parce qu'il craignait que le diable revienne une troisième fois tourmenter la femme, il fit attacher à son cou un petit papier avec ces mots : « Au nom de notre Seigneur Jésus-Christ, je t'ordonne, démon, de ne plus avoir désormais la hardiesse de toucher à cette femme. »

Un autre épisode est notable d'un point de vue historique (livre II, chapitre 24). La possédée est une vieille femme. Un des signes de sa possession est de parler en diverses langues : « Le démon qui la possédait parlait tantôt italien tantôt espagnol, et l'on ne pouvait savoir avec certitude si c'était un seul démon bilingue, ou bien deux, chacun utilisant sa langue à lui. » Le fait de parler des langues étrangères inconnues est un des signes de la possession, comme on l'a vu, depuis Hilarion de Gaza au moins.

Un autre signe de la possession de cette vieille femme est son agilité et sa vélocité, alors qu'elle souffre de « douleurs aux genoux et de tremblements dans les jarrets » :

> Avec une promptitude inattendue elle sauta d'un bond agile par-dessus le banc sur lequel il [saint Bernard] était assis. Ramenée et interrogée sur ce que signifiaient ce saut et cette fuite et d'où venaient à une petite vieille souffrante une telle force et une telle légèreté, elle répondit que cette agilité était en elle grâce à la présence du diable, si bien qu'elle attrapait les chevaux à la course et leur sautait dessus sans aucune aide.

Cette particularité, que rapporte le biographe Arnaud de Bonneval d'après le témoignage de saint Bernard, préfigure l'image, qui va bientôt se répandre, des sorcières qui se déplacent dans les airs, en chevauchant un balai.

On trouve aussi, dans la vie de saint Bernard par Arnaud de Bonneval, une des plus anciennes mentions des démons « incubes » (livre II, chapitres 34-35). L'incube désigne un démon qui prend une apparence d'homme pour tenter d'avoir ou avoir des rapports sexuels avec une femme, tandis que le succube désigne un démon qui prend une apparence de femme pour tenter d'avoir ou avoir des rapports sexuels avec un homme. De passage à Nantes, saint Bernard fut supplié par une « malheureuse femme tourmentée par un démon lascif », qui lui apparaissait « sous la figure d'un chevalier très beau à voir » : « Le diable abusait invisiblement d'elle dans le lit même où son mari était couché et, adultère très impudique, il la tourmentait par ses incroyables débauches. » Saint Bernard la délivra à nouveau au cours d'une messe, célébrée en présence des évêques de Chartres et de Nantes, et il demanda à tous les fidèles de prier lorsqu'il chassait le démon par ses imprécations :

> Il ordonne que tous ceux qui se trouvaient dans l'église tiennent des cierges allumés dans leurs mains. Lui-même, avec les évêques et les clercs, en fait autant ; puis il découvre publiquement les crimes inouïs du diable et, avec l'approbation de tous les fidèles présents, il anathématise cet esprit débauché qui, contre sa nature même, s'était épris d'une brûlante passion pour de telles souillures ; enfin, il lui interdit, par l'autorité du Christ, d'approcher encore de cette femme ainsi que de toutes les autres. Lorsque les flambeaux sacrés furent éteints, toute la puissance du diable s'éteignit de même ; la femme, après s'être confessée, communia et jamais plus l'ennemi ne lui apparut, mais il s'enfuit, chassé sans retour.

Les trois exorcismes accomplis pendant l'Eucharistie qu'on rencontre dans les *Vies* de saint Bernard sont une pratique nouvelle qu'on rencontre dans d'autres vies de saints du XIe siècle. Mais le lien entre communion eucharistique et guérison des possédés n'est pas nouveau. Cassien, dans ses *Conférences* rédigées vers 426, recommandait déjà de donner la communion aux possédés plutôt que de les en tenir éloignés :

> Pour ce qui est de la très sainte communion, nous ne nous souvenons pas qu'elle leur ait jamais été interdite, tout au contraire, on pensait devoir la leur donner chaque jour, s'il était possible ; [...] la très sainte communion ne va pas servir de nourriture au démon, mais à purifier et garder à la fois le corps et l'âme du possédé[1].

1. Cassien, *Conférence* VII, 30, cité par Fl. Chave-Mahir, « Trois exorcismes eucharistiques de saint Bernard de Clairvaux », dans *Pratiques de l'eucharistie dans les Églises d'Orient et d'Occident (Antiquité-Moyen Âge)*, Paris, Institut d'études augustiniennes, 2009, t. II, p. 987.

## EXORCISMES *POST-MORTEM*

Geoffroy d'Auxerre, dans sa *Vie de saint Bernard* (livre IV, chapitre 7), rapporte deux exorcismes accomplis non par saint Bernard lui-même, mais par la médiation, d'une part, d'un ornement liturgique qu'il avait utilisé et, d'autre part, de ses reliques.

Un homme « tourmenté par un démon [...] faisait et disait des choses stupéfiantes ». Il s'était présenté à l'abbaye de Bellevaux, près de Besançon. L'abbé de ce monastère, Ponce, se souvint qu'il possédait une étole que saint Bernard avait portée lors de la célébration d'une messe. Il s'en revêtit pour affronter le démon :

> À peine avait-il touché le seuil de la cellule où gisait le malheureux homme que sur-le-champ le malin s'avoua vaincu, en disant d'une voix horrible : « Voilà que je sors, je me retire tout de suite ; je ne puis rester plus longtemps. » L'abbé répondit alors : « Par le nom du Seigneur et par les mérites du bienheureux homme à qui cette étole a appartenu, je te l'ordonne : sors au plus vite, pour ne pas périr. » Aussitôt le démon s'enfuit loin de l'homme, et l'homme fut délivré du démon.

L'autre exorcisme accompli post-mortem est rapporté par Eskil, archevêque de Lund – aujourd'hui en Suède (livre IV, chapitre 27). Il avait été un grand ami de saint Bernard et s'était procuré plusieurs de ses reliques (des cheveux, des poils de barbe et une dent). Dans l'abbaye d'Esrom, qu'il avait fondée, un frère fut frappé « d'une fureur subite » qui dura plusieurs heures. Il poussait des « cris effroyables, c'est à peine s'il pouvait être retenu par les mains de plusieurs ». Transporté et attaché sur son lit, « il cherchait à déchirer avec ses dents ses membres et ceux des assistants ». Outre la fureur qui le submergeait, un autre signe de sa possession était qu'il parlait « une langue nouvelle qu'aucun des présents ne connaissait non plus ». Un frère suggéra de placer les reliques de saint Bernard sur la poitrine du possédé :

> Aussitôt, le mauvais esprit commença à crier par la bouche de l'homme, en langue allemande, avec des vociférations effroyables : « Ôtez, ôtez,

retirez Bernard ! » Et il disait : « Ah, que tu es devenu pesant, Bernard ! Que tu es devenu lourd et insupportable pour moi ! » Quand il eut répété ces mots et d'autres semblables en criant pendant quelque temps, il se fit un bref silence, et soudain ce frère, délivré par la miséricorde du Seigneur, ouvrit les yeux et, comme se réveillant d'un lourd sommeil, il était tout étonné de voir les frères autour de lui et les liens qui l'attachaient ; il demandait non sans une certaine honte qu'est-ce que cela voulait dire, et que s'était-il passé. À partir de cette heure, il recouvra l'ancienne santé d'esprit et de corps par les saints mérites du bienheureux père [saint Bernard], sans aucunement se souvenir de ce qu'il avait fait ou dit dans sa si grave infortune.

## SAINTE HILDEGARDE DE BINGEN EXORCISTE

Dans l'histoire de l'Église, plusieurs saintes femmes ont chassé le démon. Mgr Philippe Tournyol du Clos, lui-même exorciste, cite, dans un recueil de litanies et d'invocations, le nom de plusieurs dizaines de « saintes femmes exorcistes[1] ». L'appellation est un peu exagérée puisque certaines de ces saintes femmes ont été possédées ou ont simplement combattu, de façon héroïque, des tentations diaboliques qui les assaillaient. Mais il y eut bien, à différentes époques, de saintes moniales ou recluses qui chassaient le démon.

Grégoire de Tours, dans sa *Vie des Pères* déjà citée, a fait place à sainte Monegonde, moniale à Tours, morte en 530. Elle a accompli, de son vivant, de nombreuses guérisons et chassait le démon. Elle assurait « la délivrance de nombreux énergumènes venus la trouver » en leur imposant les mains.

Le cas de sainte Hildegarde de Bingen, cinq siècles plus tard, est beaucoup mieux documenté. Contemporaine de saint Bernard de Clairvaux et en correspondance avec lui, sainte Hildegarde, bénédictine, mystique, visionnaire, prédicatrice, poétesse, spécialiste de

1. Mgr Ph. Tournyol du Clos, *Litanies et invocations de saints exorcistes*, Éd. de l'Archistratège, 2022, p. 81-92.

la médecine par les plantes, fondatrice de l'abbaye de Rupertsberg, accomplit, à plusieurs reprises, un ministère d'exorcisme.

Vers 1169, Gedolf, abbé du monastère de Brauweiler près de Cologne, demande, dans une lettre, l'aide d'Hildegarde pour délivrer une possédée qui a résisté déjà à plusieurs exorcismes[1]. Cette possédée, Sigewize, était une jeune fille de la noblesse, que ses proches avaient conduite de sanctuaire en sanctuaire pour être délivrée du démon. Lors d'un exorcisme, le démon déclara ne vouloir avoir affaire qu'à Hildegarde, qu'il appelait en déformant son nom la *vetula Scrumpilgardis* (« la vieille Scrumpilgarde »).

Hildegarde lui répondit longuement, précisant : « Ce que je te dis ne vient pas de moi, mais de Celui qui est », laissant entendre qu'elle avait eu la vision de ce qu'elle prescrivait. Elle conseillait à Gedolf de choisir « sept prêtres de bonne réputation que recommande la qualité de leur existence », qui agiraient « au nom d'Abel, Noé, Abraham, Melchisédech, Jacob et Aaron, qui offrirent un sacrifice au Dieu vivant », et un septième « au nom du Christ, qui s'offrit lui-même sur la croix pour Dieu le père ». Ces sept prêtres « symboliseront les sept dons de l'Esprit Saint », qui expulsera « l'esprit impur » de la possédée. Hildegarde insistait sur la préparation spirituelle que devaient faire ces prêtres avant de pratiquer l'exorcisme : « Qu'ils jeûnent, fassent pénitence, prient, fassent des aumônes, célèbrent des messes. »

Pour la cérémonie d'exorcisme, les prêtres revêtiront leurs habits sacerdotaux, porteront leur étole et chacun aura en main « une verge symbolisant celle qui servit à Moïse pour frapper l'Égypte, la Mer Rouge et le rocher sur injonction divine ». Ils entoureront la possédée et ils la frapperont ensemble, « sans excès », chacun sur une partie de corps – la tête, le dos, la poitrine, le ventre, les reins, les genoux et les pieds – en ordonnant au diable, au nom du Christ, de quitter ce corps :

1. L'épisode peut être reconstitué grâce à la correspondance d'Hildegarde : *Lettres*, textes traduits du latin et annotés par R. Lenoir, Grenoble, Jérôme Millon, 2007, p. 187-199 ; et à la *Vita sanctae Hildegardis*, éd. M. Klaes, Turnhout, Brepols, 1993 III, 21.

> « Maintenant, toi, ô Satan, esprit malin, qui épuises cet être humain, le corps de cette femme, et qui t'acharnes contre elle, au nom de Celui qui vit, qui révéla et prononça ces paroles par la bouche d'un simple être humain ignorant des savoirs humains, sur Son commandement et sur Son ordre maintenant, quitte celle qui est ici, que tu épuises depuis longtemps et que tu possèdes encore à présent. Et par cette verge, sur l'ordre de celui qui fut vraiment au commencement, cesse de la tourmenter plus longtemps. Sois conjuré et vaincu également par le sacrifice, les prières et l'aide d'Abel [ou Noé, Abraham, etc.], au nom duquel nous te frappons aussi. »

Puis tous la frapperont à nouveau ensemble en ordonnant à nouveau au diable de sortir de la possédée :

> « Sors de cette personne qui souffre de la même confusion que la tienne lorsque tu tombas du ciel lourd comme le plomb, lors de ta première manifestation, et ne la tourmente pas davantage !
> Et que la hauteur qui jamais ne parvint aux limites de la hauteur, et la profondeur qui jamais ne toucha le fond de la profondeur, et que la largeur, qui jamais ne s'étendit jusqu'aux limites de la largeur, puissent la libérer de ton emprise, de ta sottise et de tous tes artifices ; et puisses-tu la quitter, confondu, et qu'elle ne sente ni ne connaisse plus tes effets. De même que tu as été écarté du ciel, que le Saint-Esprit t'écarte d'elle ; et de même que tu as été éloigné de toute félicité, que tu sois éloigné d'elle. Tu ne désires jamais Dieu : que, de même, tu ne désires jamais revenir en elle ! Fuis donc, fuis, fuis loin d'elle, diable, avec tous tes esprits mauvais et volatils, fuis conjuré par la forme éternelle qui a tout créé et qui a façonné l'homme, conjuré par l'amour du sauveur de l'humanité, qui libéra cette même humanité, et par le feu de l'amour qui fit la vie de l'homme éternelle. Confondu par la Passion qui eut lieu sur le bois de la sainte Croix, et par la résurrection de la vie, et par cette force qui précipita le diable du ciel aux enfers et libéra l'homme de sa puissance maligne. Que tu sortes de cet être, en étant confondu, dans la même confusion que celle qui fut la tienne lorsque tu tombas du ciel comme le plomb, et qu'à l'avenir tu ne sois plus cause de tourments dans l'âme de cette femme et dans aucun de ses membres, selon l'ordre du Tout-Puissant qui l'a façonnée et créée. Amen. »

L'exorcisme pratiqué par les sept prêtres sembla réussir. En moins d'une heure, la possédée fut délivrée. Mais, au bout d'un temps qui n'est pas précisé, le diable reprit possession de Sigewize. Après l'avoir exorcisée à nouveau sans succès, Gedolf l'envoya à Hildegarde. Sigewize arriva au monastère de Rupertsberg un 2 février, en la fête de la Purification, elle fut libérée du démon seulement le samedi de Pâques. Hildegarde avait multiplié les prières, n'avait pas hésité à entrer en controverse théologique avec le diable, puis pratiqua l'exorcisme en utilisant la formule qu'elle avait rédigée. Le signe de la délivrance de Sigewize fut un important « flux de ventre » qui sortit d'elle ; manifestation qu'on a déjà rencontrée dans d'autres cas.

Au total, selon sa *Vita*, Hildegarde aurait accompli 28 miracles, dont 6 délivrances de possédés *(obsessis)*. Le récit le plus détaillé est celui de l'exorcisme de Sigewize. On y trouve, on l'a vu, non seulement une formule d'exorcisme très développée, mais un véritable *ordo* liturgique[1]. L'exorcisme de sainte Hildegarde de Bingen est ainsi le premier formulaire d'exorcisme dont on connaisse avec certitude l'auteur et la date de composition.

Dans les pratiques qui accompagnent l'exorcisme, imposer l'étole sur le possédé est un usage bien attesté depuis longtemps. L'étole est un insigne propre à ceux qui ont reçu le sacrement de l'ordre : à ce titre, elle symbolise un pouvoir spécial. À l'époque contemporaine, le père Amorth, à qui nous consacrons le dernier chapitre, évoquera fréquemment l'étole parmi les instruments nécessaires à l'exorcisme. En revanche, plus étonnante est la pratique rituelle de frapper la possédée à coups de baguette.

On doit relever aussi qu'Hildegarde, qui a des connaissances très étendues en médecine et en botanique, ne confond pas les maladies, même psychiques, et la possession. Dans un de ses ouvrages de médecine, *Causae et curae*, à l'article « Folie » *(Amentia)*, elle explique bien que le démon n'est pas à l'origine des maladies mentales, mais que les malades mentaux sont des proies faciles pour le démon :

---

1. Il a été analysé par Fl. Chave-Mahir, *L'Exorcisme des possédés*, p. 157-161.

Et quand toutes ces maladies, se réunissant ensemble, se déchaînent toutes à la fois dans la tête d'un homme, elles le rendent fou et le privent de son intelligence normale, tout comme un navire agité par les tempêtes se trouve mis en pièces. C'est pourquoi beaucoup pensent qu'il est possédé par le démon, ce qui est faux ; mais les démons viennent s'ajouter à ces maladies et à cette douleur, tendent leurs pièges, accomplissent ainsi leur rôle de déraison[1].

1. Hildegarde de Bingen, *Causae et curae*, p. 91, cité par Fl. Chave-Mahir, *L'Exorcisme des possédés*, p. 44.

CHAPITRE 5

# HENRI INSTITORIS (1430-1505)

Une histoire complète de la sorcellerie manque encore, même si des travaux universitaires importants (Joseph Hansen, Norman Cohn, Robert Mandrou, Carlo Ginzburg, Alain Boureau, Martine Ostorero, et d'autres) ont, depuis les années 1970, fait progresser la connaissance du phénomène. La « chasse aux sorcières », qui concerna l'Europe entière du XV^e au XVII^e siècle, et qui a fait des dizaines de milliers de victimes, en est l'aspect le plus spectaculaire et le plus dramatique. Cette répression de la sorcellerie a été le fait de la justice ecclésiastique (l'Inquisition) comme de la justice civile (dans les pays catholiques comme dans les pays protestants). On notera que la mise à mort des magiciens et des sorcières n'est pas une nouveauté. L'Ancien Testament prescrivait déjà, dans le Code de l'Alliance : « Tu ne laisseras pas en vie la magicienne » (Ex 22, 17) et, dans la Loi de Sainteté : « L'homme ou la femme qui parmi vous serait nécromant ou devin : ils seront mis à mort, on les lapidera, leur sang retombera sur eux » (Lv 20, 27).

À certaines époques, il a semblé que la lutte traditionnelle contre le diable, par les exorcismes, a été supplantée par la chasse aux sorcières. En fait, les exorcismes n'ont jamais cessé, et ils ont fait partie, si l'on peut dire, de l'arsenal des inquisiteurs. Par ailleurs, ce qui était révélé dans les exorcismes a pu être utilisé par les juges comme preuves dans les procès civils. L'inquisiteur du XV^e siècle que l'on va évoquer dans ce chapitre, Henri Institoris, auteur du célèbre *Marteau des sorcières*, fut aussi un exorciste.

## QU'EST-CE QU'UNE SORCIÈRE ?

Le mot « sorcière » est apparu vers 1160 dans *Le Roman d'Éneas*, une adaptation en français de l'*Énéide* de Virgile. Dans ce roman, la sorcière est une devineresse, jeteuse de sorts, elle connaît les enchantements et le langage secret des oiseaux. L'équivalent masculin, « sorcier », apparaît plus tardivement, en 1283, dans les *Coutumes de Beauvaisis*, rassemblées par Philippe de Beaumanoir.

Si le mot est récent, les jeteurs et jeteuses de sorts ou de maléfices étaient jadis désignés par d'autres noms. L'Ancien et le Nouveau Testament en évoquent plusieurs. Sans être exhaustif, on peut rappeler, dans le livre de Samuel, la femme qui pratique la nécromancie (l'évocation des morts) et la divination et à laquelle fait appel Saül : les traductions modernes l'appellent « la sorcière d'En-Dor[1] » ; ou encore, dans les Actes des apôtres, le « magicien » et « faux prophète juif » Élymas, qui, à Chypre, s'oppose à la prédication de Paul et de Barnabé. Il fut exorcisé et frappé d'un châtiment temporaire :

> [Paul], rempli de l'Esprit Saint, le fixa du regard et lui dit : « Être rempli de toutes les astuces et de toutes les scélératesses, fils du diable, ennemi de toute justice, ne cesseras-tu donc pas de rendre tortueuses les voies du Seigneur qui sont droites ? Voici à présent que la main du Seigneur est sur toi. Tu vas devenir aveugle, et pour un temps tu ne verras plus le soleil. »[2]

À l'instant même, Élymas devint aveugle.

Dans la littérature patristique, ce genre de personnages est qualifié ordinairement de « magiciens » ou de « magiciennes ». Le nom « magie » regroupe des pratiques diverses : divination,

---

1. 1 S, 28, 3-25.
2. Actes des apôtres, 13, 6-12.

nécromancie, envoûtement, etc. Mais ceux et celles qui la pratiquent sont toujours considérés comme des « fils du diable » ou des « suppôts de Satan ».

Comment est-on passé de ces magiciens et magiciennes aux sorcières qui se déplacent dans les airs et se réunissent la nuit (ce qu'on appelle les sabbats) ? Un texte très important pour notre propos est le célèbre canon *Episcopi*. Longtemps attribué au concile d'Ancyre, en 314, il s'agit en réalité d'un canon dont la version la plus ancienne se trouve dans les *Causes synodales* de l'abbé allemand Réginon de Prüm, peu après 895, qui lui-même l'a trouvé « parmi les décrets des conciles de la mission anglo-saxonne en Gaule, tenus en 743-746[1] ». Ces décrets étaient destinés à lutter contre des croyances païennes et magiques, répandues tant au nord de l'Angleterre qu'en Gaule du Nord, relatives aux magiciens et magiciennes qui partaient en « voyage » pour pratiquer leurs charmes ou jeter des sorts. Le canon *Episcopi* fut intégré dans le *Décret* de Gratien vers 1135-1150 et entra ainsi dans le corpus canonique en usage dans toute l'Église d'Occident. C'est une mise en garde[2] :

> Certaines femmes criminelles, retournant à Satan et trompées par des illusions et de fausses images diaboliques, croient et prétendent que la nuit, elles chevauchent des animaux en compagnie de Diane, la déesse des païens, ou avec Hérodiade, avec une multitude d'autres femmes, parcourent de grandes distances pendant le silence de la nuit profonde, obéissent aux ordres de [Diane] comme si elle était leur maîtresse et sont appelées à son service lors de certaines nuits. Puissent-elles périr seules dans leur perfide, sans en entraîner tant d'autres avec elles dans la ruine de l'infidélité ! Car une foule immense de gens, trompés par cette fausse opinion, croient que ces choses sont vraies et, se détournant de la vraie foi et tombant dans l'erreur des païens, pensent qu'il existe d'autres divinités ou déités en dehors du

1. J.-P. Poly, « *Serpentes*, sabre et sorts. Les origines du canon *Episcopi* et le sabbat des sorcières », dans *Plenitudo Juris. Mélanges en hommage à Michèle Bégou-Davia*, Paris, Mare et Martin, 2015, p. 456.
2. Traduction publiée par M. Ostero, *Le Diable au sabbat. Littérature démoniaque et sorcellerie (1440-1460)*, Florence, Sismel-Edizioni del Galluzzo, 2011, p. 573-574.

> Dieu unique. C'est pourquoi les prêtres, dans les églises qui leur ont été confiées, doivent prêcher avec insistance au peuple de Dieu pour qu'il sache que toutes ces choses sont tout à fait fausses, inspirées non par l'esprit de Dieu, mais par un mauvais esprit qui provoque de telles illusions dans la pensée des fidèles.
> C'est Satan lui-même qui se transforme en ange de lumière, lorsqu'il s'est emparé de l'esprit d'une femme, et qu'il l'a soumise à lui en raison de son infidélité ; sur-le-champ, il se transforme en toutes sortes de figures ou apparences humaines et, trompant à travers les rêves l'âme qu'il tient captive, lui montrant tantôt des événements joyeux, tantôt des malheurs, tantôt des personnes connues et inconnues, il l'emmène dans des chemins détournés. Et bien que l'esprit souffre de cela, celui qui manque de foi croit que cela se produit non en esprit, mais dans le corps. [...] qui serait assez sot et obtus pour penser que tout ce qui se passe dans son seul esprit se passe aussi corporellement ?

C'est la première fois que sont évoqués le vol nocturne des sorcières – elles « chevauchent » – et leur assemblée nocturne qui sera appelée « sabbat » à partir du XIV^e^ siècle. Mais loin d'affirmer que ces phénomènes sont réels et se produisent « corporellement », le canon *Episcopi* affirme qu'ils sont des « illusions » provoquées par le diable. Les sorcières – même si le mot n'est pas employé dans ce document – sont en fait des victimes de Satan.

À la même époque, et indépendamment du *Décret* de Gratien, le philosophe anglais Jean de Salisbury, qui sera ensuite évêque de Chartres, soutient la même opinion. Dans *Le Policratique*, écrit vers 1149, il affirme que des « faibles gens en la foi et de petit entendement » croient « par la mauvaiseté et illusion des diables »[1] que les sorcières se réunissent la nuit.

Pourtant, la croyance au vol nocturne des sorcières et aux sabbats, qu'on qualifiera bientôt d'orgiaques, va se répandre et être accréditée par les plus hautes autorités de l'Église. En 1233, le pape Grégoire IX décrit dans la bulle *Vox in Rama* le sabbat et le culte rendu au diable, « présent à ces réunions nocturnes sous la forme

1. JEAN DE SALISBURY, *Le Policratique*, l. II, chap. 17, traduction de Denis Foulechat (1372), édition critique avec introduction, notes et glossaire par Ch. Brucker, Genève, Droz, 1994, p. 157.

d'un chat, d'un crapaud, d'un homme pâle et glacé ou à moitié noir et à moitié brillant[1] ». Puis le pape Jean XXII a un rôle déterminant. En 1320, il organise une consultation sur la magie, demandant l'opinion des dix théologiens et canonistes les plus réputés du temps, parmi lesquels le cistercien Jacques Fournier, le futur Benoît XII[2]. Puis, en 1326, par la bulle *Super illius specula*, il qualifie pour la première fois les pratiques et croyances magiques et l'invocation des démons comme une hérésie, ce qui permet d'appliquer aux sorciers et aux sorcières la procédure inquisitoriale normale[3]. Cinquante ans plus tard, en 1376, Nicolau Eymerich, inquisiteur général de Catalogne, Aragon, Valence et Majorque, publie le *Directorium inquisitorium (Manuel des inquisiteurs)*, qui connaîtra un grand succès et des rééditions jusqu'au début du XVIIe siècle. Dans cet ouvrage très pratique et très clair, Nicolas Eymerich examine, dans plusieurs chapitres, dans quels cas les devins, les « magiciens » et les « invocateurs du diable » doivent être considérés comme suspects d'hérésie et, par conséquent, relever de l'Inquisition[4]. En 1391, une première sorcière est exécutée en France à la suite de la sentence d'un tribunal royal[5].

Ce que certains historiens ont appelé « l'imaginaire du sabbat » se met en place, les procédures judiciaires précédant les textes descriptifs. Le juge Claude Tholosan mène plus de cent procès en sorcellerie dans le Briançonnais entre 1426 et 1436, avant d'écrire son traité *Ut magorum et maleficiorum errores (Sur les erreurs des mages et magiciens)*. Les plus anciens textes qui illustrent, dans des récits précis et circonstanciés, cet « imaginaire du sabbat » datent des années 1430-1440, dans une zone géographique limitée – la Savoie et ses alentours. Ils décrivent les pactes conclus avec le

---

1. Père J.-B. GOLFIER, *Tactiques du diable et délivrances*, p. 106.
2. Éditée par A. BOUREAU, *Le Pape et les Sorciers. Une consultation de Jean XXII sur la magie en 1320*, Rome, École française de Rome, 2004.
3. A. BOUREAU, *Satan hérétique*, Paris, Odile Jacob, 2004.
4. Nicolau EYMERICH et Francisco PEÑA, *Le Manuel des inquisiteurs*, Introduction, traduction et notes de L. Sala-Molins, Paris, Albin Michel, 2001 (1re éd. 1973), p. 96-103.
5. Père J.-B. GOLFIER, *Tactiques du diable et délivrances*, p. 106.

diable, le vol nocturne des sorcières, le sabbat, les meurtres rituels et les accouplements sexuels. Ainsi,

> une nouvelle croyance prend forme : les sorciers, hommes et femmes, constituent une secte nouvelle dont les membres ont renié leur foi et ont juré fidélité au diable et aux démons par un pacte. À l'appel de ces derniers, ils se réunissent en des lieux isolés, le plus souvent à travers les airs. Ils adorent le diable et accomplissent sur son ordre des maléfices contre les hommes, les bêtes et les cultures, livrant ainsi un redoutable combat contre la foi chrétienne. Enfin, on les soupçonne de tuer de jeunes enfants dont ils mangent la chair et de se livrer à des actes sexuels avec les démons[1].

Le xv^e^ siècle voit donc l'Inquisition et la justice civile multiplier les procès contre sorciers et sorcières. En 1475, le dominicain Johannes Nider publie à Augsbourg le *Formicarius (La Fourmilière)*, un traité consacré aux sorcières[2]. Mais il traite aussi de la possession et des exorcismes. Le *Formicarius* sera un des ouvrages utilisés par les auteurs du *Malleus maleficarum* que nous évoquerons plus loin.

Le 5 décembre 1484, par la bulle *Summis desiderantes affectibus*, le pape Innocent VIII synthétise les accusations portées contre les sorciers et sorcières et donne un nouvel élan au combat contre eux[3]. Il écrit :

> Récemment, en effet, il est parvenu à nos oreilles, non sans nous causer grande peine, que, en certaines régions de la Germanie supérieure tout comme dans les provinces, cités, territoires, districts et diocèses de Mayence, Cologne, Trèves, Salsbourg et Brême, maintes personnes de l'un et l'autre sexe, oublieuses de leur propre salut, et déviant de la foi catholique, se sont livrées elles-mêmes aux

1. M. Ostorero, A. Paravicini Bagliani et K. Utz Tremp, *L'Imaginaire du sabbat. Édition critique des textes les plus anciens (1430 c.-1440 c.), Cahiers lausannois d'histoire médiévale*, Lausanne, Université de Lausanne, 1999, p. 9.
2. L'ouvrage a connu une édition récente : Johannes Ryder, *Formicarius*, Akademische Druck u. Verlagsanstalt, 1971, XIX-249 p.
3. Nous la citons ici d'après la traduction qu'en a procurée Amand Danet dans son édition du *Marteau des sorcières* (voir ci-dessous), p. 117-120.

> démons incubes et succubes : par des incantations, des charmes, des conjurations, d'autres infamies superstitieuses et des excès magiques, elles font dépérir, s'étouffer et s'éteindre la progéniture des femmes, les petits des animaux, les moissons de la terre, les raisins des vignes et les fruits des arbres. Aussi bien que les hommes eux-mêmes, les femmes, le petit et le gros bétail, et autres animaux de toutes espèces, les vignobles, les vergers, les prairies, les pâturages, les blés, les grains et plantes légumineuses. Elles affligent et torturent les hommes, les femmes, les bêtes de somme, les troupeaux de petit et gros bétail, par des maux et des tourments cruels, internes et externes. Elles empêchent ces mêmes hommes de féconder, ces mêmes femmes de concevoir ; les époux de rendre à leurs épouses et les épouses de rendre à leurs époux les actes conjugaux. Et la foi elle-même, qu'elles ont reçue en recevant le saint baptême, elles la renient d'une bouche sacrilège. Elles ne craignent pas de commettre encore et de perpétrer nombre d'autres crimes et excès infâmes, à l'instigation de l'ennemi du genre humain, pour la mise en péril de leurs âmes, l'offense de la majesté divine et le scandale d'un exemple pernicieux pour beaucoup.

Dans cette même bulle, Innocent VIII confirme nommément deux dominicains dans leur mission d'« Inquisiteurs de la perversion hérétique » pour le Saint Empire romain germanique : Henry Institoris pour la Germanie supérieure et Jacques Sprenger pour certains territoires de la rive du Rhin. Et il étend leurs pouvoirs :

> Nous leur concédons la faculté entière et libre, de proposer et de prêcher la Parole de Dieu au peuple fidèle dans toutes les églises paroissiales de ces provinces, autant de fois qu'il sera opportun et qu'il leur semblera bon, comme d'accomplir librement et licitement aux mêmes endroits et d'exécuter toutes autres choses et chacune qui en ce domaine leur sembleraient nécessaires et opportunes.

La pratique de l'exorcisme est, à l'évidence, comprise dans les fonctions « nécessaires et opportunes » que les inquisiteurs pourront être amenés à exercer. En considérant qu'il n'y a pas de confusion possible entre possédés et sorciers ou sorcières. Les possédés sont des victimes du diable, éventuellement à cause d'actes de sorcellerie ; les sorciers et sorcières sont des serviteurs du diable. Les possédés, victimes des sorciers, peuvent être exorcisés, tandis que les sorciers (et sorcières), agents du mal, relèvent de la justice civile et ecclésiastique.

## *LE MARTEAU DES SORCIÈRES*

Deux ans après la publication de cette bulle, et donc deux ans après le début de leur mission d'inquisiteurs en Allemagne, Henry Institoris et Jacques Sprenger publient en 1486-1487, à Spire, un gros livre intitulé *Malleus maleficarum* : littéralement, « Le marteau des magiciennes », titre qui, dans les traductions allemande et française, à partir du XVIII^e^ siècle, deviendra *Le Marteau des sorcières*[1]. L'ouvrage connaîtra un grand succès et sera réédité à de nombreuses reprises (trente éditions entre 1486 et 1669). On a dit qu'il fut le « premier guide imprimé » de la sorcellerie démoniaque.

Avant de voir le contenu de l'ouvrage, et particulièrement quelle place y tient l'exorcisme, il faut dire un mot des deux auteurs[2].

Jacques Sprenger, né en Suisse alémanique, est entré très jeune chez les dominicains de Bâle. Docteur en théologie en 1472, il est nommé prieur du couvent dominicain de Cologne deux ans plus tard et professeur titulaire à la faculté de théologie de cette même ville en 1478. À la suite du religieux dominicain breton Alain de La Roche (mort en 1475), il se fait l'apôtre de la récitation du chapelet et des confréries du Rosaire. En 1479, il est nommé assistant de Gérard von Elten, inquisiteur de la vallée du Rhin et, en 1481, il est nommé inquisiteur pour les archidiocèses de Mayence, Trèves et Cologne. En 1488, il est élu supérieur de la province dominicaine de Teutonie et, à ce titre, il se consacrera désormais à la réforme des couvents qui dépendent de son ordre.

Heinrich Institoris (que certains auteurs appellent, à tort, Henri Krämer), est né vers 1430 à Sélestat, en Alsace, qui appartenait alors au Saint Empire romain germanique. Il entra très jeune au

1. Nous nous référons ici à la traduction publiée par A. Danet : Henry INSTITORIS et Jacques SPRENGER, *Le Marteau des sorcières*, Paris, Plon, 1973.
2. Voir la longue Introduction (p. 11-102) qu'Amand Donet a donnée à sa traduction.

couvent dominicain de sa ville natale, probablement vers 1445[1]. Il sera surtout prédicateur, puis inquisiteur, et il a pratiqué des exorcismes en différentes circonstances. Il a raconté lui-même un cas difficile de possession qu'il a eu à traiter à Rome, sous le pontificat de Pie II (1458-1464) :

> Un Bohémien de la ville de Dachov amena son fils unique, prêtre séculier, jusqu'à Rome pour obtenir sa délivrance : il était possédé du démon. Par hasard [...] je me trouvai descendu à l'hôtellerie pour le repas, quand le prêtre et son père s'en vinrent s'asseoir avec moi à la même table. Nous nous saluâmes et nous engageâmes la conversation comme des étrangers ont coutume de le faire : le père poussait des soupirs, implorant le Dieu Tout-Puissant pour le succès de leur voyage. Compatissant profondément, je commençai à m'enquérir de la cause de ce voyage et de cette tristesse. Lui alors (le fils assis à côté de moi l'entendait) répondit : « Hélas ! j'ai un fils possédé du démon ; je l'ai amené jusqu'ici à grand-peine et à grands frais pour sa délivrance. » Moi, je demandais où était ce fils, et il montra celui qui était là, près de moi. Un peu effrayé, je le regardais prendre sa nourriture avec grande modestie ; à toutes mes questions, il répondit très pieusement. Je me mis à douter qu'il fût possédé et à objecter qu'une quelconque infirmité était la cause de ce qui était arrivé. Alors le fils lui-même raconta ce qui était arrivé et il indiqua comment et quand il avait été possédé : « Une femme, dit-il, une sorcière m'a causé ce malheur. Je m'étais disputé avec elle pour une question de discipline dans le régime de ma cure ; je lui avais parlé durement, car elle était dure de caractère. Alors elle me dit que sous quelques jours je verrais ce qui m'arriverait. Depuis, le démon qui m'habite m'a révélé qu'un charme était placé par la sorcière sous un arbre et que tant qu'il n'est pas enlevé je ne pourrais pas être délivré. Mais il ne m'a pas dit quel était cet arbre. » Moi, bien sûr, je n'aurais pas accordé la moindre foi à ses dires, si l'expérience ne m'avait pas rapidement instruit. En effet interrogé par moi sur l'intervalle de temps où il pouvait faire usage de sa raison (au-delà du temps normal aux possédés), il répondit :

1. G. Modestin, « Les débuts de Heinrich Institoris dans l'espace rhénan. Un inquisiteur par-delà les frontières ? », dans A. Follain et M. Simon (dir.), *Sorcellerie savante et mentalités populaires*, Strasbourg, Presses universitaires de Strasbourg, 2013, p. 21-43.

> « Je suis privé de l'usage de la raison uniquement quand je veux vaquer à la prière ou visiter les lieux saints. Car le démon m'a expressément dit que, comme jusqu'ici c'était dans mes sermons au peuple que je lui avais surtout fait du tort, il ne me permettrait plus de prêcher.[1] »

Institoris, pendant plus d'une quinzaine de jours, le conduisit dans différents sanctuaires où il l'exorcisait :

> Arrivé en ces lieux, il poussait des cris horribles pendant qu'on l'exorcisait, assurant qu'il voulait s'en aller, mais peu après ne le voulant plus du tout. Comme nous l'avons dit, dans tout son comportement il demeurait un prêtre de bonne allure sans aucune excentricité, sauf pendant les exorcismes. Dès qu'ils étaient finis, et que l'étole lui était enlevée du cou, il ne donnait plus aucun signe de déraison et de malhonnêteté.

Un jour, dans une église,

> il fit la génuflexion pour la salutation de la glorieuse Vierge. Alors le diable lui sortit la langue très longue hors de la bouche. Je lui demandai s'il ne pouvait s'empêcher de le faire ; il me répondit : « Je ne peux pas du tout ; car il [le diable] dispose de tous mes membres et organes, mon cou, ma langue, mes poumons pour parler et crier quand il lui plaît. J'entends sans doute les mots qu'il prononce par moi et mes organes, mais je ne peux absolument pas résister ; et quand plus ardemment je voudrais m'adonner à quelque prière, il m'assaille plus violemment, sortant plus fort ma langue. »

Malgré les exorcismes qu'il répéta, Institoris ne put le délivrer.

> Alors un vénérable évêque, expulsé, dit-on, de son siège par les Turcs, le prit en pitié. Pendant tout le temps du Carême, jeûnant au pain et à l'eau, s'abandonnant chaque jour à des oraisons et à des exorcismes, par la grâce de Dieu il finit par le délivrer et le renvoyer dans la joie à sa famille.

---

1. H. Institoris et J. Sprenger, *Le Marteau des sorcières*, p. 384-387.

Institoris fut nommé inquisiteur de Germanie supérieure en 1474. Mais, dès 1475, et jusqu'à la fin de 1479, il résida à Rome où il obtint un doctorat en théologie. Reprenant sa mission d'inquisiteur, il fut confirmé dans ses fonctions par Innocent VIII, en 1484 on l'a vu. Il déploya dès lors une intense activité d'inquisiteur dans la chasse aux sorcières à Ravensbourg en 1484 et à Innsbruck en 1485, comme en témoignent des documents édités récemment[1]. C'est à cette époque qu'il rédigea le *Malleus maleficarum*.

L'ouvrage a-t-il été écrit en collaboration avec Jacques Sprenger ? La question a divisé les historiens. Amand Donet, dans sa longue introduction à l'ouvrage, estime qu'il a « deux auteurs » mais un seul « rédacteur ». Sprenger a pu fournir des documents, relire tout ou partie de l'ouvrage, le couvrir de son autorité, mais le principal rédacteur fut Institoris. Il poursuivra ensuite son activité d'inquisiteur et de théologien, auteur de plusieurs ouvrages contre les Vaudois et contre les Picards (une secte établie en Bohême au début du XV<sup>e</sup> siècle). Dans ce chapitre, on le considérera donc comme le principal auteur du *Malleus maleficarum*.

## SCOLASTIQUE ET DÉMONOLOGIE

Ce qui frappe, à la lecture du *Malleus maleficarum*, c'est l'alliance de la méthode scolastique, de la procédure inquisitoriale et des références démonologiques. Les auteurs les plus cités par Institoris sont saint Thomas d'Aquin (94 fois), le démonologue Nider (39 fois) et l'inquisiteur Eymerich (17 fois).

Rédigé en latin, l'ouvrage est très structuré. Il est divisé en trois parties, très didactiques, chacune répondant à des questions précises : 18 questions pour la première partie, 2 questions principales divisées en 25 chapitres pour la deuxième partie, 35 questions pour la troisième partie.

La première partie traite spécifiquement des sorciers et des sorcières, répondant notamment aux questions : « Affirmer [leur]

1. *Est insolitum inquirere taliter. Latin and German Documents from Heinricus Institoris's Witch Hunts in Ravensburg and Innsbruck*, éd. Chr. S. Mackay, Leyde, Brill, 2021.

existence, est-ce tellement catholique ? », « D'où provient la prolifération des sorcières ? », « Où l'on compare les crimes des sorcières à tous les autres péchés des démons ». Institoris conclut que les sorcières se sont mises au service du démon.

La deuxième partie rentre dans des questions pratiques, telles que « Comment les sorcières se transportent d'un endroit à un autre ? », « Comment les sorcières se livrent aux démons incubes ? », « Comment les sorcières peuvent aller jusqu'à prendre possession des hommes ? ». Institoris accrédite les croyances communes à cette époque.

La troisième partie évoque uniquement la répression des sorcières. Institoris s'attache à montrer qu'elle peut relever de la juridiction ecclésiastique diocésaine, de la justice civile, mais aussi de l'Inquisition. Dans ce dernier cadre, Institoris établit une sorte de code de procédure inquisitoriale : interrogatoires, recueil des témoignages, « concession d'un avocat », usage de la torture. Dans les dernières questions de cette partie, Institoris examine de façon très méthodique les différents cas de figure : la sorcière « dénoncée légèrement suspecte », ou « fortement suspecte », ou « violemment suspecte », la sorcière dénoncée qui avoue « mais sans se repentir », la dénoncée repentante puis « relapse », prise en « flagrant délit, mais qui s'obstine à nier en bloc » ; et les peines qui s'appliquent pour chaque cas.

## LA SOBRIÉTÉ DANS LES EXORCISMES

Selon Institoris, les sorcières sont des alliées du démon par un pacte qu'elles ont conclu avec lui. Elles peuvent, par des maléfices, non seulement faire du mal aux gens (maladies, handicaps, etc.), causer des dommages aux bêtes et aux champs, mais aussi permettre au diable d'entrer en possession d'une personne.

Donc, Institoris évoque à plusieurs reprises l'exorcisme à pratiquer sur les possédés, victimes des sorciers et des sorcières. Notamment dans les chapitres 5 à 7 de la seconde partie. Ces chapitres seront « une des sources principales des manuels d'exorcisme des XVI^e et XVII^e siècles[1] ».

Dans le chapitre 6, Institoris qualifie les exorcismes de « paroles-remèdes », c'est-à-dire de paroles efficaces pour « exorciser le démon » et « les maladies maléfiques ». Il affirme – et c'est en contradiction avec une tradition solidement établie – que « s'il est bon de faire concourir l'exorciste » – qui a reçu spécifiquement ce pouvoir d'exorciser –, « cependant des personnes pieuses peuvent parfois délivrer de ces maladies [maléfiques] soit sans les exorcismes, soit avec eux ».

Néanmoins, Institoris pose sept conditions à l'efficacité de l'exorcisme, dispensé par un prêtre exorciste ou par une personne pieuse :

- « que les paroles ne contiennent rien qui implique une invocation expresse ou tacite du démon » ;
- que les bénédictions « ne contiennent aucun nom inconnu » ;
- « que la matérialité des mots ne contienne aucune fausseté », notamment aucun ajout ;
- « que ces exercices ne contiennent aucune formule ou geste vide ; rien que le signe de la croix » ;
- « que l'on ne mette pas d'espoir dans la manière d'écrire, de lire, de lier, ou autre détail de ce genre. Ils n'ont rien à voir avec la révérence divine ; autrement on estimerait qu'il y a là du superstitieux » ;
- « que dans la citation et la prononciation des paroles de Dieu et de la Sainte Écriture, on n'ait d'attention que pour les paroles elles-mêmes, leur intelligence, la révérence due à Dieu et à la puissance divine » ;
- « que l'on s'en remette pour l'effet attendu à la divine volonté. Elle sait si à celui qui prie, la santé ou la peine seront plus ou moins utiles ou nuisibles ».

1. L. Wuidar, « Les images et le diable. Pouvoir de séduction et destruction des images dans la pratique d'exorcisme à la Renaissance », *Bruniana & Campanelliana*, XXIII, 2017, n° 1, p. 74 et G. dall'Olio, « Alle origini della nuova esorcistica. I maestri bolognesi di Girolamo Menghi », dans G. Parolin (dir.), *Inquisizioni : percorsi di ricerca*, Trieste, Edizioni Università di Triesto, 2001, p. 79.

On le voit, Institoris insiste pour que celui qui pratique l'exorcisme ne déforme pas le formulaire en usage, ne rajoute pas des formules ou des mots de son invention, ne recoure pas à des pratiques qui relèveraient de la superstition, telles des amulettes. Il y a chez Institoris le souci de recadrer la pratique de l'exorcisme, de la purifier des déviances et ajouts qui ont pu la déformer au fil du temps.

## UNE MÉTHODE D'EXORCISME

Institoris « propose » dans son manuel une « méthode d'exorcisme et d'adjuration » des ensorcelés en cinq étapes :

- premièrement, qu'ils fassent une bonne confession ;
- deuxièmement, « que l'on fasse une inspection diligente de tous les coins de la maison, les lits et les matelas, sous le seuil de la porte, au cas où peut-être des instruments de maléfice pourraient être découverts » (dans ce cas, ils devraient être brûlés) ;
- troisièmement, amener l'homme ou la femme à exorciser dans l'église, le matin, « spécialement les jours saints comme les fêtes de la bienheureuse Vierge et les Vigiles », et « ce serait mieux si le prêtre [exorciste] s'était confessé et se trouvait en bon état [de grâce] afin d'être plus fort » ;
- quatrièmement, que la personne à exorciser « tienne une chandelle bénite à la main, qu'il s'assoie du mieux possible ou se mette à genoux » et « que les assistants répandent de ferventes prières pour sa libération » pendant que le prêtre accomplit le rite ;
- cinquièmement, que l'exorcisé reçoive la communion.

Dans ce même chapitre, Institoris donne trois formules d'exorcisme. La première est une supplication à Dieu ; les deux autres commencent par une adjuration adressée au diable et se poursuivent par une supplication adressée à Dieu :

Je t'exorcise – N. –, malade mais rené dans le sacro-saint baptême ; par le Dieu qui t'a racheté de son sang précieux ; afin que tu sois un homme délivré, que partent et s'éloignent de toi toute la fantaisie et la malice du mensonge diabolique comme tout esprit impur ; à l'adjuration de celui qui viendra juger les vivants et les morts et ce siècle par le feu. Amen. – Prions. – Dieu de miséricorde, Dieu de bonté, toi qui dans l'abondance de tes grâces corriges ceux que tu aimes et forces ceux que tu reçois à s'amender ; Seigneur, nous te prions de bien vouloir conférer la grâce à ton serviteur qui souffre en son corps de la fragilité des membres ; afin que, à l'unité du corps de l'Église, soit rattaché ce membre, guéri de tout ce qu'a corrompu la fragilité terrestre et de tout ce qu'a violé la fraude diabolique. Prends pitié, Seigneur, de nos gémissements, prends pitié de nos larmes ; celui qui n'a de confiance qu'en ta miséricorde, admets-le au sacrement de ta réconciliation. Par le Christ Notre Seigneur. Amen.

Toi, maudit Démon, reconnais ta condamnation ; rends honneur au Dieu vivant et vrai ; rends honneur au Seigneur Jésus-Christ : retire-toi avec ton œuvre de ce serviteur (de Dieu) que Notre Seigneur Jésus-Christ a racheté de son sang précieux. – Prions. – Seigneur, toi qui gardes toujours à ta créature un miséricordieux amour, ouvre ton oreille à nos supplications à Dieu ; ton serviteur souffrant de mauvaise santé du corps, regarde-le d'un visage apaisé ; visite-le de ton salut et accorde-lui le remède de ta grâce céleste. Par le Christ Notre Seigneur. Amen.

Toi, maudit Démon, reconnais ta condamnation ; rends honneur au Dieu vivant et vrai ; rends honneur au Seigneur Jésus-Christ : retire-toi avec ton œuvre de ce serviteur (de Dieu) que Notre Seigneur Jésus-Christ a racheté de son sang précieux. – Prions. – Dieu, protecteur sans pareil de la misère humaine, sur notre malade relève la puissance de ton secours ; afin que soutenu par la miséricorde il puisse se retrouver, sain et sauf, présent à la sainte Église. Par le Christ Notre Seigneur. Amen.

Institoris ne prétend pas imposer ces formules d'exorcisme, comme si « les autres exorcismes ne seraient pas d'aussi grande efficacité ». Mais il veut proposer aux prêtres des formules simples et sobres, sachant que Dieu seul sauve et guérit.

*Le Marteau des sorcières* a longtemps été considéré comme un exemple type de la littérature ecclésiastique qui a légitimé « la chasse aux sorcières », ce qui est vrai. Il est aussi, pour le sujet qui nous occupe, une des sources principales des manuels d'exorcisme qui se multiplieront aux XVI<sup>e</sup> et XVII<sup>e</sup> siècles[1].

1. L. Wuidar, « Les images et le diable », p. 74.

CHAPITRE 6

# GIROLAMO MENGHI (1529-1609)

Girolamo Menghi est né en 1529 à Viadana, petite ville de Lombardie, non loin de Mantoue. À l'âge de 20 ans il entra chez les Frères mineurs observants. Il fit ses études de théologie au couvent de l'Annunziata à Bologne, qui était un *studium* réputé dans l'ordre franciscain. Il y acquit une connaissance précise des philosophes et théologiens de toutes les époques qu'il a cités « savamment dans les œuvres diverses qu'il rédigera[1] ». Il resta dans ce couvent comme professeur.

On a dit qu'il fut « le père de l'art d'exorciser ». On verra de quelle manière. Mais lui-même a eu des maîtres en ce domaine[2]. Il fut un lecteur assidu du traité sur la possession démoniaque et l'exorcisme que le dominicain Silvestro Mazzolini a publié à Bologne en 1502[3]. Menghi estimait tant cet ouvrage qu'il le rééditera sous le titre *Aureus tractatus*[4]. Dans ce livre, Mazzolini exposait notamment comment l'exorciste, dans son « dialogue » avec le diable, doit se limiter à la connaissance des faits nécessaires à l'expulsion du ou des démons. Il ne doit pas chercher à assouvir sa

1. D. Balzano, « Girolamo Menghi : esorcista viadanese del Cinquecento », *Bolletino della Società storica viadenese*, 2009, vol. IV, p. 105.
2. G. Dall'Olio, « Alle origini della nuova esorcistica », *op. cit.*, p. 81-129.
3. S. Mazzolini, *Tractatulus quid a diabolo sciscitari e qualiter malignos spiritus possit quisque expellere de obsessis*, Bologne, 1502.
4. S. Mazzolini, *Aureus tractatus exorcismique pulcherissimi et efficaces in malignos spiritus effugandos de obsessis corporibus*, Bologne, Giovanni Rossi, 1573.

curiosité en interrogeant le démon sur des faits ou des connaissances sans rapport avec la possession. Mazzolini limitait à huit les propos que l'exorciste pouvait tenir avec le diable : lui ordonner de sortir du corps du possédé, lui demander son nom, l'interroger sur la présence éventuelle d'autres noms et leurs noms respectifs, le mettre à l'épreuve en lui demandant de révéler un fait caché mais connu de l'exorciste, l'interroger sur la cause de la possession (pacte, maléfice, etc.), contraindre le démon à énoncer une vérité de foi, contraindre le démon à manifester de la révérence à l'égard de Dieu et l'interroger sur la possession d'autres personnes. Menghi reprendra dans ces ouvrages ces recommandations de prudence dans l'interrogation du diable.

À Bologne, Menghi fit aussi la connaissance de don Antonio Muccini, curé de l'église Sant'Antonio di Porta Nuova et qui exerça un ministère d'exorciste pendant trente ans. Menghi apprit auprès de lui beaucoup de choses sur la possession et la délivrance des possédés. Il lui rendra hommage dans son premier livre sur les exorcismes.

Il pratiqua son premier exorcisme le 27 mars 1559, le lundi de Pâques. Il avait 30 ans. Il a raconté l'épisode dans un de ses livres[1]. Une possédée nommée Mattia se présenta au couvent de Bologne. Étaient présents plusieurs frères mineurs observants français, docteurs en théologie, qui se rendaient au chapitre général de leur ordre qui se tenait à Aquila. Menghi racontera : « Je commandais au Diable d'adorer Dieu notre Seigneur, son créateur et le créateur de toutes choses. Ce scélérat commença, comme un véritable inventeur d'hérésies, à nier que Dieu existe, qu'il soit le créateur du monde [...] niant pas à pas toutes les Saintes Écritures, et professant de nouvelles hérésies jamais entendues par des oreilles humaines. » Le père Menghi commanda à ce démon de se taire et mit « la main sur la bouche » de la possédée. Ce fut sans succès. Alors, « il plut à Dieu de lui tourner la langue et de lui faire rétracter tout ce qu'elle avait malheureusement dit, dans le même ordre, et

1. G. Menghi, *Parte seconda del Compendio dell'arte essorcistica*, Venise, Zorzi Varisco, 1601, p. 338-339.

avec une telle science qu'elle stupéfia tous les théologiens parisiens présents. À la fin de ce raisonnement, qui dura environ sept heures, cette bête infernale [le diable] partit sans autre adjuration ».

Menghi, tout en continuant à enseigner la théologie au couvent de l'Annunziata, exerça aussi un très actif ministère d'exorciste, principalement à Bologne, mais aussi dans d'autres villes et localités de Lombardie et en Émilie. Ainsi, en 1574, il accomplit une vingtaine d'exorcismes dans la ville de Reggio Emilia[1]. À partir de 1576, il a publié plusieurs ouvrages consacrés à l'exorcisme, qu'on évoquera plus loin, et qui furent régulièrement réédités jusqu'au début du XVIII^e siècle.

## PROVINCIAL ET AUTEUR SPIRITUEL

Menghi exerça également des responsabilités dans son ordre. En 1587, et à nouveau en 1589, il fut élu définiteur général de la province des frères mineurs observants de Bologne, c'est-à-dire un des assistants du ministre provincial. Puis, sur l'intervention du pape Clément VIII, il fut nommé provincial[2]. Le 29 octobre 1598, le pape déposait le provincial, le père Théodore Lazza de Bologne, élu l'année précédente, et ordonnait au ministre général de l'ordre de le remplacer par le père Menghi. Le chapitre provincial se réunit le 22 septembre 1600 et élut un nouveau provincial, le père Raffaele de Bologne. Clément VIII intervint à nouveau le 1^er novembre suivant, cassant l'élection et ordonnant que le père Menghi puisse achever son mandat de trois ans. Les raisons de ces interventions du pape ne sont pas connues : peut-être s'agissait-il de ne pas réserver la charge de provincial à des religieux originaires de la ville de Bologne[3]. En tout cas, elles témoignent de l'estime dont

1. G. Dall'Olio, « Menghi, Girolamo », *Dizionario biografico degli Italiani*, vol. 73, 2009.
2. Père É. d'Alençon, « Menghi, Jérôme », *Dictionnaire de théologie catholique*, t. X, col. 551.
3. G. Dall'Olio, « Menghi, Girolamo ».

bénéficiait Menghi auprès du pape. Il gouverna la province jusqu'au 1er février 1602.

Hormis ses ouvrages consacrés à l'exorcisme, Menghi a publié aussi des livres de spiritualité. En 1590, il publia *Hortus deliciosus fratrum minorum*, qui était un commentaire de la Règle de saint François d'Assise et un exposé sur la vie religieuse franciscaine. Il rééditera l'ouvrage en 1591 puis en publiera une traduction italienne l'année suivante[1]. Cette même année 1591, il traduisait en italien la célèbre *Summa casuum conscientiae* du franciscain Angelo di Chivasso, ouvrage qui a été davantage connu sous le titre *Summa Angelica*. L'ouvrage, publié pour la première fois en 1486, et qui avait connu de très nombreuses rééditions, se présentait comme un dictionnaire des connaissances religieuses, spirituelles et morales. Pour chaque entrée, d'« Abbas » à « Zelus », étaient données une définition et une explication plus ou moins développées. La traduction de Menghi était aussi une édition augmentée puisqu'il avait ajouté des entrées.

En 1607, il publia encore un gros livre de plus de 600 pages, consacré à la Vierge Marie : *Tesoro celeste* (« Trésor céleste »)[2]. Le père Menghi reliait explicitement la dévotion mariale au combat contre le démon. Le diable est le premier adversaire de la Vierge Marie, comme l'expose le premier chapitre du livre : « Pourquoi Lucifer a tant de haine et persécute la grandeur de la Glorieuse Mère de Dieu Vierge Marie ; et de quels instruments il use pour ruiner l'honneur divin et précipiter le genre humain dans la damnation éternelle. » L'ouvrage se compose de quatre livres : le premier livre est un exposé de théologie mariale, le deuxième et le troisième évoquent les sanctuaires mariaux, les apparitions mariales, les tableaux et les statues de la Vierge réputés miraculeux et les interventions de la Vierge Marie dans la vie des saints. Le quatrième livre recense tous les titres attribués à la Vierge Marie et donne leur sens spirituel.

1. *Giardino delicioso de i Frati minori*, Bologne, Giovanni Rossi, 1592.
2. *Tesoro celeste della Gloriosa Madre di Dio Maria Vergine. Nel quale si ragiona del vero Culto, & adoratione, che si deve alle Sacrosancte Imagini*, Bologne, Giovanni Rossi, 1607, 618 pages.

Deux ans plus tard, le 9 juillet 1609, Menghi mourait dans le couvent de Viadana, sa ville natale.

## SIX LIVRES SUR L'EXORCISME

Menghi fut connu comme exorciste, mais encore davantage comme auteur de plusieurs livres consacrés à l'exorcisme, ouvrages qui auront tous de nombreuses éditions jusqu'au début du XVIIIe siècle.

Le premier est le *Compendio dell'arte essorcistica* (« Résumé de l'art d'exorciser »), publié en 1576[1]. C'est le premier et le plus important de ses ouvrages. Son but est clairement apologétique : il s'agit d'affirmer la réalité de la possession démoniaque face à ceux qui en doutent, et de montrer comment combattre le démon. Il se présente à la fois comme un traité de démonologie et un manuel pratique destiné aux exorcistes. L'ouvrage est dédié au cardinal Giulio Feltri della Rovere, protecteur de l'ordre franciscain. Il comprend trois livres.

Le premier livre est un exposé de démonologie. Sont évoqués l'origine des démons, comment, « après avoir été bons, par leur volonté mauvaise et leur orgueil ils sont devenus pervers et méchants » (chapitre 2), la nature de leurs pouvoirs, la façon dont ils agissent dans le monde et dans l'homme et les limites de leur champ d'action (fixées par Dieu). Menghi présente le diable comme « un très bon philosophe, théologien, arithméticien, mathématicien, logicien, grammairien, musicien et un médecin excellent ». Depuis le paradis où il a pris la forme du serpent, le diable, tout au long de l'histoire, a pris mille et une formes et figures, humaines ou animales. Il sait utiliser les sons, les couleurs, les odeurs, trompe par ses discours habiles et fait illusion par les choses qu'il révèle. Dans ce premier livre, Menghi expose aussi

1. *Compendio dell'arte essorcistica et possibilità delle mirabili et stupende operationi delli demoni et de'malefici ; con li rimedij opportuni alle infermità maleficiali*, Bologne, Giovanni Rossi, 1576. Nous nous référons ici à l'édition publiée à Bologne en 1590, 616 pages avec en plus 53 pages d'un index des notions très détaillé.

« comment les démons se font incubes et succubes, tant à l'égard des hommes comme à l'égard des femmes, et comment ils peuvent faire des actes vénériens [sexuels] et engendrer ».

Le second livre traite des « étonnantes et stupéfiantes opérations des magiciens *[malefici]* faites avec l'aide du diable ». Il parle en grande partie des sorcières *(streghe)* qui font des pactes avec le diable. Au chapitre 10, Menghi affirme la réalité du vol des sorcières : « Les sorcières peuvent être vraiment et réellement transportées par les démons. » Il affirme aussi la réalité du sabbat qu'il décrit comme une orgie de nourriture et de sexe.

Le troisième livre expose comment combattre les démons et les sorcières. Il décrit les « remèdes tant préventifs que curatifs » contre les maléfices et traite notamment de l'exorcisme.

La première originalité de l'ouvrage était d'être publié en italien, pour être accessible au plus grand nombre, et non en latin, la langue des clercs et des savants. Ce qui explique son succès : il aura dix-sept éditions jusqu'en 1617. Par ailleurs, par rapport aux manuels d'exorcisme antérieurs, le *Compendio* était très didactique. Il exposait l'action multiforme du diable avant de donner les moyens de le combattre.

Dès l'année suivante, en 1577, Menghi fit paraître un second ouvrage : *Flagellum daemonum* (« Le fouet des démons »)[1]. Le livre est dédié au cardinal Gabriele Paleotti, archevêque de Bologne. Il s'ouvre sur des considérations relatives à la « doctrine très belle et très nécessaire » de l'exorcisme. Moins doctrinal que le *Compendio*, il se présente comme un manuel pratique destiné principalement aux prêtres, d'où une publication en latin et non plus en italien. Sont données d'abord, en de courts chapitres, quinze règles à suivre sur « La foi et la préparation que doivent avoir les exorcistes avant de commencer à chasser les démons », « Les questions et les

1. *Flagellum daemonum, seu exorcismos terribiles, potentissimi, efficaces. Remedia probatissima in malignos spiritus expellendos fatturasque et maleficia effuganda de obsessis corporibus. Cum suis benedictionibus et omnibus requisitis ad eorum expulsionem*, Bologne, Giovanni Rossi, 1577. Nous nous référons ici à l'édition du *Flagellum* publiée à Bologne en 1580.

ordres que l'exorciste doit adresser aux démons » ou « Comment connaître en avance les ruses du démon et comment y remédier ».

Le prêtre chargé de mener un exorcisme doit « se garder de toutes opérations vaines, illicites et superstitieuses » et « doit avant toute chose avoir une foi entière dans les mystères de Jésus-Christ et avoir la foi catholique ». Il doit toujours faire preuve d'une « très grande humilité », se confesser avant d'exorciser et faire une contrition parfaite de ses péchés, sinon le diable pourrait révéler ses péchés passés lors de l'exorcisme et le mettre en difficulté. L'exorciste doit avoir conscience qu'il n'est qu'un instrument de Dieu et, même s'il suit le rituel avec attention, il doit n'attendre de résultats que de l'intervention de Dieu. Il peut interroger les démons, comme Jésus Christ l'a fait, mais la façon dont il s'adressera au démon, lorsqu'il lui ordonne de dire ou de faire certaines choses, est très importante. Il doit s'adresser à lui d'une voix forte et déterminée, sans hésitation et sans peur. Il ne doit pas se laisser intimider, sinon les démons riront de ses paroles. Dans les ordres qu'il donne à Satan, au nom de Dieu, il peut utiliser des « noms peu connus », mais qui sont pourtant des « noms très saints de Dieu » et qui se trouvent dans l'Ancien Testament (Elohim, Adonaï, YHWH, El Shaddai, et d'autres) ou dans le Nouveau Testament (Sôter, Alpha, Omega, Hagios, Emmanuel, et d'autres).

Le choix du jour pour pratiquer un exorcisme n'est pas anodin. Le dimanche, après la messe, est le meilleur moment, mais aussi les jours de fête, en premier lieu Noël, Pâques, l'Ascension et la Pentecôte. Le lieu le meilleur pour pratiquer un exorcisme est l'église, qui est un lieu consacré, « ou dans un autre lieu dédié à Dieu » ; il ne doit pas se pratiquer, sauf s'il y a une grave nécessité, dans un domicile privé « pour ne pas donner occasion de scandale aux faibles ».

Menghi défend aussi la réalité de la possession contre les « détracteurs de l'art d'exorciser » et leurs arguments rationalistes. L'explication de la possession par l'hystérie – même si le mot n'était pas en usage à cette époque – avait déjà cours. Menghi résume l'argumentation : « Les femmes et jeunes filles sont soumises aux humeurs de l'utérus [...] à cause de la faiblesse de leur cerveau, elles ont l'habitude de faire des gestes similaires à ceux des possédés. » Menghi réfutait cette thèse.

Dans la seconde partie du *Flagellum*, il publiait sept « exorcismes terribles et très puissants ». Malgré la diversité des formules, ils ont la même structure : prière, imposition des mains, conjurations alternant avec des prières à Dieu, interrogation des démons, lecture de l'Évangile, commandements donnés au démon de sortir du possédé.

Une dernière partie indique longuement d'autres « remèdes très efficaces » pour combattre les démons[1] : le sel exorcisé, l'eau exorcisée, l'huile exorcisée (pour lesquels Menghi donne les prières d'exorcisme). Il parle aussi de plantes et de racines dont il donne les vertus et qu'il prescrit en tisanes ou en fumigations. Tous ces « remèdes », explique-t-il, ne peuvent remplacer l'exorcisme, mais peuvent être utilisés lors des exorcismes ou en complément.

Le *Flagellum* aura quatorze éditions entre 1577 et 1626.

En 1584, Menghi publia un troisième livre, *Fustis daemonum*[2]. L'ouvrage est dédié à Francesco Gonzaga, ministre général de l'Ordre franciscain. Après un exposé doctrinal, il s'agit à nouveau d'un recueil d'exorcismes.

Dans l'exposé préliminaire, on trouve cette description des symptômes physiques de la possession :

> Les principaux signes qu'une personne est en même temps victime de maléfices et possédée sont l'oppression du cœur et de l'estomac : il semble aux possédés d'avoir une boule sur l'estomac. D'autres ressentent des pointes dans le cœur, comme s'il s'agissait de piqûres d'aiguilles. Pour certains, il semble que le cœur est comme rongé. Parfois ils ressentent une grande douleur dans le cou et dans les reins, comme s'ils étaient déchiquetés par des chiens. D'autres encore ont la sensation d'une boule qui monte et qui descend dans la gorge. Dans certains cas, il apparaît que la voie générative est bloquée. Certains

1. *Ibid.*, p. 203-263.
2. *Fustis daemonum, adiurationes formidabiles, potentissimas et efficaces in malignus spiritus fugandos de oppressis corporibus humanis. Ex sacrae Apocalypsis fonte variisque sanctorum Patrum fausta, complectens… Opus sane ad maximam exorcistarum commodiatatem nunc in lucem editum*, Bologne, Giovanni Rossi, 1584.

ont une telle indisposition d'estomac qu'ils rejettent en vomissant tout ce qu'ils mangent ou boivent pour leur subsistance. D'autres perçoivent comme un vent très froid qui, comme une flamme, court le long du ventre. Certains malades sont empêchés de digérer la nourriture. Mais le signe principal est quand les soins médicaux appliqués n'apportent aucune amélioration au malade[1].

Il publia encore trois autres livres consacrés à la possession et aux exorcismes : *Eversio daemonum* en 1588[2], *Fuga daemonum* en 1596[3] et la suite du *Compendio* en 1601[4]. Cette suite du *Compendio*, dédiée au cardinal Farnese, contient notamment de nombreux exemples tirés de sa longue expérience d'exorciste.

On l'a vu, dans plusieurs de ces ouvrages, Menghi recommande aux exorcistes d'utiliser certaines substances naturelles dans le combat contre le démon et donne de nombreuses recettes à base d'herbes et de racines. En 1599, un médecin, Scipione Mercurio, qui appartenait aussi à l'ordre dominicain – même s'il eut une vie religieuse tourmentée –, publia un ouvrage où il dressait un catalogue détaillé des « erreurs » qui se commettent dans l'exercice de la médecine, dans le soin aux malades, lors des accouchements, etc.[5]. Il consacra un chapitre aux exorcistes qui administrent des remèdes aux possédés, citant nommément le père Menghi. Il les accusait d'exercice illégal de la médecine. Menghi s'en justifia dans la *Seconda parte del Compendio*.

---

1. Cité par D. Balzano, « Girolamo Menghi », p. 118.
2. *Eversio daemonum e corporibus oppressis, cum divorum, tum aliorum auctorum potentissimo set efficaces in malignos spiritus propulsando set maleficia ad energumenis pellenda, continens Exorcismos*, Bologne, Giovanni Rossi, 1584, sept éditions entre 1584 et 1708.
3. *Fuga daemonum, adiurationes potentissimas, et Exorcismos formidables, atque efficaces, in malignos spiritus expellendos et maleficias ab energumenis pellenda*, Bologne, Giovanni Rossi, 1596.
4. *Parte seconda del Compendio dell'Arte Essorcistica*, Venise, Georgio Varisco, 1601, 717 pages.
5. Scipione Mercurio, *Gli errori popolari d'Italia*, Venise, G. B. Ciotti, 1599.

## LES MALÉFICES

Dans tous ses ouvrages consacrés à l'exorcisme, Menghi évoque les « maléfices ». Traditionnellement, les manuels d'exorcisme de cette époque distinguaient deux catégories de possédés : les *maleficati* (« maléficiés ») et les *daemoniaci* (« dominés par le démon »). Littéralement, le mot « maléfice » signifie « faire du mal » (du latin *malum facere*). Les démonologues le définissent aujourd'hui comme « un mal provoqué par le démon avec la collaboration de l'homme qu'on appelle sorcier ou envoûteur[1] ». Il y a plusieurs types de maléfices (maléfice direct, maléfice de ligature, maléfice de transfert, maléfice de possession, etc.) qui s'exercent souvent par l'intermédiaire d'un objet : « Pour être efficace, l'objet de transfert doit être transféré au contact de la victime, soit par ingestion d'aliments, soit par la matérialisation de petits objets (tresses de cheveux, couronnes de plumes…) que l'on peut retrouver à l'intérieur d'un coussin ou d'un matelas. »

Dans ses livres, Menghi rapporte, à plusieurs reprises, des cas de maléfices. En 1575, alors qu'il se trouvait à Reggio Emilia, il fut appelé au chevet d'une noble dame[2]. Le médecin traitant de cette noble dame avait tenté de la soigner par différents remèdes, sans succès. Voyant sa patiente sur le point de mourir, il avait fait appel au père Menghi. Celui-ci soupçonna qu'elle était victime d'un maléfice. En faisant fouiller la chambre, il trouva une image cachée sous le lit. Cette image, faite d'un assemblage très habile de plumes, représentait une personne, sans doute la malade. Menghi brûla cette image, en prononçant une adjuration, et la malade guérit.

Mais Menghi ne fut pas toujours victorieux[3]. En 1582, à Bologne, un sénateur avait un garçon de sept ans qui tomba gravement malade. Il fit venir plusieurs médecins qui furent impuissants, malgré leurs remèdes, à guérir l'enfant, et aussi – c'est à noter – ils n'arrivèrent pas à déterminer de quelle maladie il

---

1. Père G. Jeanguenin, *Le diable existe !*, p. 74. L'auteur consacre un chapitre aux maléfices (p. 73-92).
2. *Fustis daemonum*, chap. 14.
3. *Parte seconda del Compendio dell'arte essorcistica*, p. 665.

souffrait. Le père se demanda si son enfant n'était pas victime d'un maléfice. Il fit chercher dans et sous le lit de son enfant. « Divers maléfices » furent trouvés. Le sénateur fit appel au père Menghi. Celui-ci confirma qu'il s'agissait bien de maléfices destinés à nuire à la santé de l'enfant. Il ne dit pas s'il pratiqua des exorcismes. Sans doute brûla-t-il ces maléfices. Mais l'enfant ne fut pas sauvé. Le père Menghi ne put que le préparer à une bonne mort.

Dans d'autres cas, même sans qu'il y ait de maléfices, le père Menghi fut mis en échec. Une première fois, en 1585, ses supérieurs l'envoyèrent exorciser « une personne de grande importance » possédée qui vivait en Lombardie. Il pratiqua des exorcismes pendant six mois, sans parvenir à la libérer. D'autres exorcistes appelés en consultation confirmèrent la possession. Malgré les divers exorcismes pratiqués, la possession ne cessait pas. L'évêque du diocèse constitua alors une commission de docteurs en théologie, de canonistes et de médecins pour examiner le cas. Ils étaient quatorze et conclurent qu'il n'y avait pas possession mais une « infirmité naturelle ». Menghi dut cesser ses exorcismes[1].

Une autre fois, en 1596, alors qu'il avait engagé l'exorcisme d'une religieuse appartenant à une bonne famille, ce sont les parents de la religieuse qui ont demandé d'arrêter les exorcismes par crainte d'un scandale dans la société[2].

## LE RITUEL DE 1614

Comme l'a bien expliqué Giovanni Romeo, Girolamo Menghi présente un paradoxe[3]. Il apparaît comme moderne dans son « combat pour le renouvellement de l'art de l'exorcisme », dans sa volonté de démontrer l'authenticité de la possession et dans ses efforts pour dégager l'exorcisme des pratiques superstitieuses.

---

1. *Ibid.*, p. 356-357.
2. Cités par D. Balzano, « Girolamo Menghi : esorcista viadanese del Cinquecento », p. 112.
3. G. Romeo, *Inquisitori, esorcisti e streghe nell'Italia della Controriforma*, Sansoni Editore, 1980, p. 161 et 167.

À une époque où l'Église ne possédait pas de Rituel unique de l'exorcisme qui s'imposait à tous les prêtres, il a, par ses livres, fait une œuvre utile de clarification et de systématisation. Ses manuels furent très diffusés, réédités pendant plus d'un siècle, et se trouvaient dans beaucoup de bibliothèques de prêtres, de couvents et de monastères, officiellement recommandés dans les plus grands diocèses d'Italie.

Mais, dans le même temps, le père Menghi prône l'efficacité des remèdes naturels (les plantes, les racines) pour lutter contre le démon. Et il encourage l'Église italienne à reprendre « la chasse aux sorcières ». Il soutient la réalité du vol des sorcières, des sabbats et des démons succubes et incubes ; autant de croyances que l'Église abandonnera bientôt.

Ses écrits sont en fait les derniers grands témoins de la pratique de l'exorcisme avant la publication d'un Rituel universel. Menghi meurt en 1609, le rituel des exorcismes paraît cinq ans plus tard : le concile de Trente avait voulu une grande révision des livres liturgiques qui a abouti à la promulgation du *Rituale romanum*.

Le Rituel des exorcismes est une partie de ce *Rituale romanum*. Il restera en usage dans l'Église pendant plus de trois siècles. Le Rituel de 1614 réforme la pratique de l'exorcisme, tout en conservant les fondamentaux traditionnels, avec la volonté de réguler cette pratique et d'imposer une procédure commune à toute l'Église[1]. La première nouveauté du rituel est de comporter, en ouverture, 21 *Normae observandae* (« Règles à observer »). L'exorcisme ne peut être accompli que par « un prêtre, ou tout autre ministre légitime de l'Église » (n° 1). Il doit être pieux, prudent, confiant en Dieu, se préparer à sa charge par des lectures et en assistant à des exorcismes (n° 2). Il « ne doit pas être cupide » (n° 16) et « mériter le respect non seulement par sa fonction mais par le sérieux de ses mœurs » (n° 17).

Le Rituel de 1614 fournit aussi des critères de discernement. L'exorciste ne doit « pas croire facilement que quelqu'un est

---

1. P. Dondelinger-Mandy, « Le rituel des exorcismes dans le *Rituale romanum* de 1614 », *La Maison-Dieu*, n° 183-184, 1990, p. 99-121.

possédé » (n° 3). Il doit faire la différence entre la maladie et la possession mais, curieusement, le Rituel ne mentionne pas « la troisième hypothèse, celle de la fraude[1] ». Trois phénomènes constituent des signes de la possession : « Prononcer plusieurs paroles dans une langue qu'on ignore, ou comprendre quelqu'un qui parle une telle langue, révéler des choses distantes ou cachées, manifester une force supérieure à son âge ou à sa condition de nature. » Une fois encore, on note une omission étonnante : ce Rituel ne parle pas du « critère déterminant : l'aversion contre les choses religieuses[2] ». L'exorcisme doit se dérouler dans un lieu saint, mais si le possédé est malade ou pour une autre raison légitime, il pourra se dérouler à son domicile. Si des fidèles, peu nombreux, peuvent assister à l'exorcisme, ils ne doivent pas poser de questions et peuvent s'unir seulement aux prières du prêtre. Le Rituel fixe aussi des normes pour procéder à l'interrogatoire du diable : il doit notamment révéler son nom et avouer sa possession.

Le rite de l'exorcisme proprement dit « combine prières à Dieu *[orationes]*, adjurations, menaces et insultes à l'égard du diable *[exorcismi]*, signes de croix et aspersions d'eau bénite de l'exorciste sur lui-même, sur les assistants (afin de les protéger des vengeances du diable) et en divers endroits du corps du possédé (afin de faire du mal au diable) ; lecture de prières, de psaumes et d'Évangiles ; brandissements de crucifix et, si possible, l'administration des sacrements (eucharistie et confession), et l'application de reliques[3] ». Mais le Rituel précise que la prière et le jeûne restent le meilleur moyen pour combattre le démon.

## MISE À L'INDEX

Le 7 juillet 1704, cent ans après la mort de Menghi, deux de ses livres furent mis à l'*Index librorum prohibitorum*, l'Index des livres interdits à la lecture et à la diffusion : le *Flagellum daemonum*

1. *Ibid.*, p. 108.
2. *Ibid.*, p. 110.
3. *Ibid.*, p. 116.

et le *Fastis daemonum*. Puis, le 17 janvier 1707, un troisième de ses livres fut mis à l'Index : le *Compendio dell'arte essorcistica*[1].

On peut s'étonner que des livres qui tous avaient reçu l'approbation des plus hautes autorités ecclésiastiques du temps, qui avaient été utilisés si longtemps par le clergé, soient interdits un siècle plus tard. Cette interdiction s'explique par la volonté de l'Église d'unifier la pratique de l'exorcisme, en rendant obligatoire le Rituel de 1614, et en écartant des méthodes et des formulaires qui n'avaient pas été approuvés par l'autorité ecclésiastique.

Dans le cas de Menghi, ses livres propageaient aussi sur les sorcières des croyances (sur le sabbat, le vol des sorcières, les incubes et les succubes) que l'Église ne soutenait plus au début du XVIIIe siècle. Elle ne pouvait plus autoriser des manuels qui répandaient encore de telles croyances.

Du vivant du père Menghi, les affirmations extravagantes sur les sorcières étaient déjà combattues dans des livres bien diffusés. Le plus connu est le *De praestigiis daemonum, et incantantartionibus, ac veneficis* publié en 1563, à Bâle, par le médecin allemand Johann Wier. L'ouvrage sera traduit en français six ans plus tard sous le titre *Cinq livres de l'imposture et tromperie des diables, des enchantements et sorcelleries*[2]. Johann Wier, qui croyait en l'existence du diable et en la réalité de la possession, cherchait à montrer que sorciers et sorcières sont victimes d'illusions diaboliques : ils sont persuadés de détenir un pouvoir maléfique, de faire des pactes avec le diable, de pouvoir voler et de s'unir avec lui. Selon Wier, loin d'être des réalités, ces supposés pouvoirs sont en fait des tromperies du diable qui fait croire aux sorciers et sorcières qu'ils font réellement ce qui n'est que fantasmes et imaginations.

---

1. *Index librorum prohibitorum. 1600-1966*, éd. J. M. De Bujanda, Paris-Genève, Médiaspaul-Droz, 2002, p. 609.
2. Cette traduction, due à Jacques Grévin, a été récemment rééditée dans une édition critique avec une longue introduction de S. Margel : Johann WIER, *Cinq livres de l'imposture et tromperie des diables, des enchantements et sorcelleries*, Grenoble, Jérôme Millon, 2021.

CHAPITRE 7

# MATTEO D'AGNONE (1563-1616)

Prospero Lolli, qui en religion recevra le nom de Matteo d'Agnone, est né le 30 novembre 1563 dans la petite ville d'Agnone, dans la province de Molise en Italie[1]. La ville appartenait au vice-royaume de Naples, alors entre les mains des Espagnols.

Il était le plus jeune d'une famille de quatre enfants. Il reçut le prénom de Prospero au baptême, car après la naissance de trois filles, la naissance d'un garçon semblait pouvoir assurer la prospérité de la famille. Son père, Giuseppe Lolli, était « un des premiers gentilshommes de la région ».

Prospero reçut une bonne éducation religieuse. Dès l'âge de 5 ou 6 ans, avec l'assistance de ses sœurs, il jouait au « petit prêtre ». Sur une petite table, il posait une nappe blanche, des chandeliers, un crucifix, des statues, des images pieuses. Il revêtait une chemise blanche qui lui descendait jusqu'aux chevilles et il récitait dévotement des prières. Ses parents, « voyant chez leur enfant les prémisses d'une dévotion peu ordinaire, se disaient que plus tard

---

1. Sur la vie du père Matteo, on dispose de trois sources principales : M. da Mascon et A. Olgiati da Como, « Vita del P. F. Matteo d'Agnone predicatore », dans *Annali de Frati miniori cappuccini*, t. III, vol. 1, Trente, 1708, p. 208-334 ; C. de Meo, *Un santo senza altare. Il servo di Dio Padre Matteo da Agnone, dalla provincia dei Cappuccini di Foggia 1563-1616*, Frate Mago, 1982 (traduit en français sous le titre *Un saint sans autel. Le serviteur de Dieu père Matteo da Agnone*, Frate Mago, 1982) ; C. de Meo, *Il servo di Dio. Padre Matteo da Agnone cappuccino (1563-1616) nell'iter del processo di beatificazione e canonizzazione*, Foggia, Curia provinciale dei Cappuccini, 2003.

il se consacrerait peut-être au service de Dieu[1] ». Il avait une très bonne mémoire, ce qui lui permettait de retenir tout ce qu'il avait entendu à l'église.

À l'école, il fut un bon élève. Un de ses camarades d'enfance, Enca Mancinelli, le décrira comme un élève « très tranquille, modeste et d'une très belle intelligence ».

Dans sa jeunesse, son existence fut marquée par un épisode dramatique. Il avait 12 ou 13 ans. Alors qu'il se rendait à l'école, un de ses jeunes voisins, Donantonio Cellillo, âgé de 6 ans, lui montra un beau pistolet qu'il avait pris à son père. Prospero prit l'arme et, en la manipulant imprudemment, un coup partit et toucha Donantonio à la gorge. Transporté à son domicile, l'enfant mourut entre les bras de sa mère, tandis que Prospero s'était enfui, se cachant dans les bois. Puis il revint discrètement chez ses parents, leur racontant ce qui s'était passé. Ils le cachèrent d'abord dans leur domicile puis, redoutant la colère des parents de Donantonio, ils jugèrent plus prudent de lui faire quitter la ville et l'envoyèrent dans une autre province chez des amis. Au procès où fut jugée l'affaire, et qui se déroula en son absence, l'homicide fut jugé involontaire. La famille de Prospero ne fut condamnée qu'à verser un dédommagement financier.

Ses parents ne voulurent pas le faire revenir à Agnone, redoutant une vendetta de la famille. Ils l'envoyèrent à Naples pour poursuivre ses études. Il étudia la philosophie, la médecine et le droit. Il fréquenta régulièrement l'église des Jésuites de la ville. Il fut membre d'une de leurs congrégations et il suivit, semble-t-il, les exercices spirituels de saint Ignace pour discerner sa vocation. Il a eu un moment le désir d'entrer dans la Compagnie de Jésus. Mais un de ses amis, qui deviendra le père capucin Tommaso de Trivento, l'orienta vers cet ordre récent dont la spiritualité (une vie de prière, de pauvreté et de pénitence) et l'apostolat (la prédication) correspondaient mieux à ses aspirations.

Le 8 mai 1579, Prospero entra au noviciat capucin de Sessa Aurunca, en Campanie, au nord de Naples. Il avait 16 ans. Selon

1. « Vita del P. F. Matteo d'Agnone predicatore », p. 308.

la tradition de l'ordre, il reçut un nom de religion qui était associé à son lieu de naissance. Il devint frère Matteo d'Agnone. Pendant son année de noviciat, ses parents moururent.

En 1580, il fit sa profession religieuse, prononçant les vœux de pauvreté, chasteté et obéissance :

> Moi, frère Matteo, je fais vœu et je promets à Dieu Tout-Puissant, à la bienheureuse Vierge Marie, au bienheureux père saint François et à tous les saints, pour tout le temps de ma vie, d'observer la Règle des Frères mineurs, confirmée par le seigneur pape Honorius, et de vivre dans l'obéissance, sans propriété et dans la chasteté.

Le supérieur du couvent reçut cette profession religieuse en répondant : « Si tu observes cela, je te promets, de la part de Dieu, la vie éternelle. »

## PREMIÈRES DÉLIVRANCES DU DÉMON

Frère Matteo poursuivit ses études de théologie au couvent d'Aversa, au nord de Naples.

C'est pendant ses études, alors qu'il n'était pas encore prêtre, que son charisme de libération du démon se révéla[1]. Un jour qu'il était dans sa cellule où il étudiait et priait, des pères capucins pratiquaient un exorcisme sur une possédée dans la chapelle du couvent. Dans les semaines précédentes, ils avaient déjà pratiqué sur elle plusieurs exorcismes sans succès. À un moment, par la voix de la possédée, le démon dit : « Si vous voulez que je m'en aille, faites venir ici le frère Matteo d'Agnone pour qu'il prie, je ne peux pas supporter son humilité ! » Ses confrères firent venir le jeune religieux. N'étant pas encore prêtre et n'ayant pas reçu mission d'exorciser, il ne pratiqua pas d'exorcisme, mais il pria avec les pères capucins et, aussitôt, la possédée fut délivrée.

---

1. M. da Mascon et A. Olgiati da Como, « Vita del P. F. Matteo d'Agnone predicatore », p. 311-312.

Ainsi commença une carrière d'exorciste qui lui permit, dit-on, de délivrer 650 possédés et obsédés durant sa vie. Ce chiffre de 650 n'est pas le résultat d'une comptabilité que le père Matteo ou ses confrères auraient tenue. Il a été révélé, après sa mort, par un démon lors d'un exorcisme, et a été cité par le père Cipriano de Meo qui fut le postulateur de sa cause de béatification[1].

À la demande de ses sœurs, devenues orphelines, il fut transféré dans la province capucine de Foggia, au couvent de Serracapriola. Il y fut chargé d'enseigner la logique à ses jeunes confrères. Puis, vers 1583, il fut envoyé par ses supérieurs poursuivre des études de théologie au *studium* général des capucins à Bologne. Il y fut l'élève du père Giovanni de Rimini puis du père Pietro de Calatayud, deux théologiens capucins de renom.

C'est pendant cette période qu'il délivra du démon une seconde possédée. Une femme de Castel-Bolognese, persécutée depuis treize ans par le démon, fut amenée à Bologne pour y être délivrée. Elle fut exorcisée dans plusieurs églises, sans succès. Puis elle fut amenée dans l'église des capucins. Frère Matteo priait devant l'autel du saint sacrement. La femme possédée vint près du frère en prière :

> [Le démon] commença à se contorsionner, à se démener dans le corps martyrisé de cette femme. Il grinça des dents, écuma de rage pour épouvanter le jeune frère, mais celui-ci, absorbé dans sa fervente prière, demeura impassible et ne s'aperçut de rien. L'attitude de marbre de frère Matteo contraignit le démon à crier : « Le voilà arrivé, que veut-il de moi ce frère Matteo ? Je ne peux plus souffrir de le voir. » Cela dit, le démon s'enfuit, laissant la femme libre et sereine[2].

Frère Matteo avait chassé le démon par sa seule prière silencieuse.

---

1. Père C. de Meo, *Mon expérience d'exorciste*, Éditions du Parvis, 2012, p. 398.
2. Père C. de Meo, *Un saint sans autel*, p. 31. Voir aussi, sur le même épisode, M. da Mascon et A. Olgiati da Como, « Vita del P. F. Matteo d'Agnone predicatore », p. 311.

## GRAND PRÉDICATEUR

Il obtint un doctorat en théologie et fut ordonné prêtre le 19 septembre 1592. Il semble qu'il ait commencé à prêcher avant même d'être ordonné prêtre. Il devint rapidement un prédicateur réputé.

La prédication des Capucins connaissait à cette époque un véritable tournant. Dès l'origine de l'ordre, en 1525, la prédication avait été une de leurs caractéristiques. Un chroniqueur des premiers temps de l'ordre, Zacharia Boverio, décrira ces premiers prédicateurs comme des hommes de Dieu préoccupés davantage de frapper les esprits et de convertir que de faire d'éloquentes démonstrations théologiques :

> Ceux qui se chargeaient de l'office de la prédication, après une longue oraison, agissaient comme des lions soufflant le feu, et, terribles au Démon, ils lançaient la parole de Dieu comme des dards brûlants dans le cœur des pécheurs. Ils prêchaient le Christ crucifié non pas avec les figures pompeuses de l'éloquence humaine, ni avec des discours bien peignés, mais avec une parole simple et inspirés de l'Esprit divin. Conformément aux prescriptions de la règle, ils proposaient du haut de la chaire de suivre les vertus et de fuir les vices. Ils épouvantaient les peuples en leur mettant devant les yeux les peines des enfers et ils les alléchaient aussi aux récompenses de la gloire céleste[1].

La deuxième génération des capucins a été marquée par l'élection de Bernardino d'Asti comme ministre général en 1535 – il rédigera de nouvelles constitutions pour l'ordre – et sa réélection en 1546 et en 1549. Les *idioti* (les non-savants) s'effacent au profit des *docti* (les religieux qui ont fait de longues études). La prédication se fait plus éloquente, plus démonstrative, marquée par la théologie de saint Bonaventure.

Le père Matteo d'Agnone s'inscrit dans cette nouvelle lignée de prédicateurs capucins. Il prêcha notamment pour les quatre temps

1. Cité par Chr. Mouchel, *Rome franciscaine. Essai sur l'histoire de l'éloquence dans l'ordre des Frères mineurs au XVI^e^ siècle*, Paris, Honoré Champion, 2001, p. 175.

de l'Avent et pour les quarante jours du Carême dans différentes villes (Modène, Bologne, Ferrara, etc.). Il préparait longuement ses sermons, une prédication très construite, nourrie de références bibliques. Ce qui lui permet d'oser parfois des formules audacieuses. Ainsi dans un sermon sur la passion du Christ : « Le Christ est la main et le bras du Père éternel, le Christ est pour nous la Mère ; il se nourrit de souffrance, alors qu'il nous donne ses mérites et son sang, comme si c'était du lait. »

À partir de 1594, il a conservé ses sermons et des projets de sermons dans un recueil intitulé *Fasciculus myrrae*[1]. Dans ce recueil sont conservés deux de ses sermons consacrés à l'Assomption de la Vierge et deux autres consacrés à l'Immaculée Conception, alors que ces deux dogmes ne seront définis que des siècles plus tard. Il affirmait l'Assomption comme une nécessité ontologique : « Elle ne pouvait connaître la corruption du tombeau, Celle qui a généré l'Auteur même de la vie. » Et il faisait le lien entre les deux croyances : « Notre Dame fut élevée au ciel parce que le péché originel n'étant pas en elle, elle ne pouvait retourner en poussière. »

Sa dévotion envers la Vierge Marie, qu'il appelait d'une expression audacieuse « la tunique du Verbe incarné », était grande. Il considérait la Mère de Dieu comme sa meilleure auxiliaire dans la lutte contre le démon. Il a composé une prière qui illustre bien cette pensée :

> Ô douce Mère, ô Reine, ô Notre Dame,
> Si tu nous vois dans le péché, relève-nous.
> Si tu nous vois dans la grâce, maintiens-nous y.
> Si nous nous arrêtons sur le chemin de Dieu, effondrés, soutiens-nous.
> Tu es notre Médiatrice,
> Comme le Fils est notre Médiateur entre le Père et l'homme,
> Ainsi sois notre Médiatrice entre l'homme et le Fils.
> Sois notre force : vois la guerre qui nous assaille.
> Sois notre étoile : vois la tempête qui se lève.

1. Ces textes, en toscan du XVIIe siècle, ont été adaptés en italien moderne et édités en 1996 par le père Cipriano de Meo sous le titre *Fasciculus myrrhae*, en trois volumes.

Sois notre lune : vois la nuit ténébreuse où nous nous trouvons.
Défends, dirige, illumine notre cœur,
Afin que prenant la voie droite vers le Ciel,
Nous nous réjouissions d'abord en Dieu,
Et puis avec toi dans les siècles des siècles.
Amen.

En 1596, le père Matteo fut nommé gardien (c'est-à-dire supérieur) du couvent de Vasto, où il faisait aussi fonction de maître des novices et de professeur de philosophie. « Sa méthode éducative, dira le procès de béatification, avait comme secret pédagogique de se perfectionner lui-même pour diriger les autres. » Il accompagnait l'enseignement spirituel qu'il donnait aux novices de l'exemple de sa propre vie. À l'intention de ses novices, il composa un petit recueil intitulé *Quarante-cinq conseils spirituels pour tous les jours de la semaine*. Le but était d'aider les jeunes religieux à « élever le cœur de la terre au Ciel ». Ses quarante-cinq conseils s'ordonnaient autour de cinq nécessités : l'examen de conscience, la bonne confession, l'oraison mentale, la victoire sur les « passions », la sérénité dans la vie religieuse.

Il rédigea aussi à cette époque des *Déclarations claires et sincères à faire dans l'imminence de la mort*, un écrit qui, cette fois, pouvait être utile à tous les religieux. Il s'agissait de se préparer à faire une « bonne mort » en gardant son regard tourné vers le Ciel.

## SUPÉRIEUR PROVINCIAL

En 1598, le père Matteo fut élu par le chapitre provincial supérieur de la province capucine de Foggia. Dans cette fonction, il avait en charge 17 couvents (dont deux noviciats) et 164 religieux. Quand il visitait un couvent,

> il participait au chœur aussi bien de jour que de nuit et il prenait part à tous les exercices communs. Il ne voulait pas de nourriture particulière. Plusieurs fois, à l'heure du réveil, on le trouva à la cuisine en train de faire la vaisselle, en récitant pieusement psaumes

et hymnes spirituels. Il avait beaucoup de pitié pour les défauts des frères et lorsqu'il venait à en avoir connaissance en secret, il avait hâte que le frère s'en repente et n'avait de repos jusqu'à ce qu'il eût porté remède pour le bien spirituel du confrère[1].

Hormis sa cellule, où il avait installé « un petit oratoire avec l'image de Jésus et de Notre-Dame », l'église du couvent, et plus particulièrement l'autel, était aussi un lieu privilégié de ses méditations :

> Tous les mystères de la vie du Christ passaient devant lui dans ses méditations eucharistiques. Sous les espèces sacrées, il contemple le Verbe incarné, vrai fils de Dieu, fait pain des voyageurs, il l'adore comme Créateur et Rédempteur. À ces sources, sa foi puisait une plus grande force et en scrutant ces mystères presque inconsciemment, il penchait la tête jusqu'à terre. Devant l'autel, il passait des heures en attitude d'extase. Le temps ne comptait pas[2].

Dans sa fonction de supérieur provincial, il cherchait à convaincre les religieux de consacrer beaucoup de soin et beaucoup de temps au service de l'autel :

> Il les exhortait à accomplir le service de l'église, non comme un acte humain, mais en relation avec Celui qui y habitait silencieusement. C'est pourquoi il voulait que les ornements de l'autel soient beaux, que les tuniques soient absolument propres, de même que les vêtements sacerdotaux et toutes les autres choses destinées au culte divin. L'exemple précédait les consignes qu'il donnait…

Il conserva la charge de provincial jusqu'en 1601, puis il fut chargé par le ministre général de l'ordre de faire une visite canonique de la province de Bari. En 1602, il fut nommé définiteur provincial et affecté au couvent de Serracapriola où il fut nommé

1. Père C. de Meo, *Un saint sans autel*, p. 51-52.
2. *Ibid.*, p. 56.

gardien (supérieur) et lecteur (professeur) de théologie. Il resta dans ces fonctions pendant douze ans.

## UNE « TROMPERIE » DU DÉMON À CHIEUTI

Pendant cette période, vers 1612, se répandit la rumeur qu'à Chieuti, à quelques kilomètres de Serracapriola, un tableau très ancien de la Vierge versait des larmes et « faisait des miracles ». Il était dans une église de rite greco-catholique, dite de la *Madonna degli Albanesi*, parce qu'elle était fréquentée par une population d'origine albanaise installée à Chieuti depuis les années 1400.

Les gens venaient de toutes parts pour vénérer ce tableau, certains pieds nus en pénitence, d'autres malades ou estropiés en espérant une guérison ; les dons affluaient[1]. Apprenant cet événement et le trouble qu'il suscitait parmi les fidèles, le père Matteo se mit en prière. « Le Seigneur l'éclaira et lui fit connaître qu'il s'agissait de l'œuvre du Diable, et l'invention d'un homme maléfique inspiré du désir de gagner de l'argent. » Il réunit tous les religieux du couvent au réfectoire et leur dit :

> « Oh pères, et mes frères, si cette route qui va à la *Madonna degli Albanesi* avait une langue et si ces arbres pouvaient parler, combien de péchés seraient révélés, qui sont commis à l'occasion de la venue de tant de gens dans cette église, et sous le prétexte que la Reine du Ciel y dispenserait tant de grâces. Par conséquent il faut nous opposer aux arts maléfiques de Satan et révéler les fraudes des hommes pervers. »

Il envoya deux frères à Chieuti pour avertir les fidèles de ne plus aller dans cette église et il écrivit à l'évêque du diocèse, Mgr Giovanni Tommaso Eustachio, pour l'avertir des troubles qui se produisaient à Chieuti et lui demander d'intervenir. Mgr Eustachio le chargea, avec deux prêtres du diocèse, d'enquêter sur les faits.

---

1. L'épisode est raconté longuement dans la chronique *Annali de Frati minori cappuccini*, p. 325-326, et résumé par C. de Meo, *Un saint sans autel*, p. 70-71. Nous citerons ici la chronique.

De nuit, ils se rendirent à l'improviste à l'église de Chieuti. Ils la trouvèrent fermée, mais comprirent qu'elle avait des occupants. Ils se firent ouvrir les portes. À l'intérieur du sanctuaire, ils virent « une quarantaine de femmes, des épouses ou des jeunes filles, avec de nombreux enfants nus, qui dansaient, qui agitaient les bras et les pieds, qui tremblaient de tout leur corps, et qui se débattaient avec différents mouvements et attouchements peu modestes ». Quelle était la nature de cette transe déréglée, en attente de miracles qui devaient se produire ? La chronique ne le dit pas.

Le père Matteo, indigné et ému de cette profanation, se mit en prière devant le tableau antique de la Sainte Vierge et récita le Rosaire. Puis il demanda à célébrer la messe devant l'autel de rite latin de l'église, autel qui était dédié à saint François d'Assise. Au moment de l'élévation, deux des femmes présentes « commencèrent à pousser des cris comme si elles étaient possédées ».

Après la messe, il fit venir près de l'autel tous les malades et infirmes, vrais ou faux, et leur ordonna de réciter un *Ave Maria* et de faire le signe de croix. Ils cessèrent aussitôt de s'agiter et de trembler. Puis il fit sortir tout le monde de l'église, fit recouvrir d'un voile le tableau de la Vierge Marie et commença à examiner toutes les supposées guérisons miraculeuses qui s'étaient produites. Il se rendit compte qu'elles étaient « fausses, non pas d'origine céleste mais diabolique ». Il rédigea un rapport détaillé à l'évêque du diocèse.

Mgr Eustachio fut convaincu qu'il y avait un danger pour la foi des fidèles dans ces faux miracles et dans l'exaltation religieuse qui entourait la *Madonna degli Albanesi*. Il autorisa le père Matteo à exorciser le tableau prétendument miraculeux puis à le brûler.

Puis l'évêque vint au sanctuaire à l'occasion de la fête de la Pentecôte. Il exposa aux fidèles que les faits qui s'étaient produits dans l'église n'étaient pas d'origine surnaturelle mais diabolique et que les prétendus miracles attestés étaient des mises en scène ou des mensonges. Il jeta l'interdit sur l'église et ordonna aux fidèles de ne plus s'y rendre sous peine d'excommunication *latae sententiae*. Après enquête, il fit arrêter un homme et une femme qui avaient été impliqués dans cette fraude d'origine diabolique et qui, entre autres délits, « vivaient depuis dix ans en concubinage ».

Avant de retourner dans son évêché de Larino, Mgr Eustachio vint au couvent de Serracapriola pour remercier le père Matteo de sa vigilance, de son zèle à débusquer le démon dans cette affaire, et d'avoir réussi à le chasser par ses prières et le signe de la croix.

Cet épisode le confirma dans la conviction que le premier pouvoir du démon était de tromper les fidèles. Il le disait dans une formule imagée : « C'est la première chose que fait le démon : aveugler l'esprit humain. Alors il fait comme le corbeau, qui, quand il va manger une charogne, dès qu'il arrive, il lui arrache les yeux[1]. »

## UNE RÉPUTATION DE SAINTETÉ

En 1614, le père Matteo fut nommé au couvent de Sant'Elia à Pianisi. Mais deux ans plus tard, des ennuis de santé l'obligèrent à « changer d'air ». En octobre 1616, il retournait à Serracapriola, où il mourut le 31 octobre, à l'âge de 53 ans.

Une population nombreuse assista à ses funérailles dans l'église conventuelle dédiée à Santa Maria delle Grazie. Sa réputation d'exorciste comme l'exemplarité de sa vie religieuse avaient attiré beaucoup de fidèles. Beaucoup de faits jugés miraculeux avaient aussi jalonné son existence : de nombreuses guérisons inattendues et inexpliquées ; à deux reprises, dans deux endroits différents, une multiplication du vin[2] ; des événements annoncés à l'avance. Certains le considéraient déjà comme un saint et cherchèrent à obtenir des morceaux de son habit, des objets lui ayant appartenu, des cheveux ou des poils de sa barbe pour les conserver comme reliques. Il fut enterré dans l'église du couvent. Sa tombe fut dès lors visitée par de nombreux fidèles qui venaient lui demander des grâces et des guérisons. Six mois après sa mort, trois de ses confrères, les pères Simon d'Orsara, Girolamo de Serracapriola et Raffaele

1. Cité par A. Mattatelli, *Un santo contro il demonio. Il carisma di liberazione di padre Matteo d'Agnone*, Feletto Umberto, Edizioni Segno, 2015, p. 127.
2. *Ibid.*, p. 41-45.

d'Agnone eurent la curiosité d'ouvrir sa tombe pour revoir son corps : « Ils ouvrirent le cercueil et trouvèrent le corps intact, la bouche ouverte et ils virent la langue vivace et rubiconde. » Dans cette circonstance, « un des pères du couvent, qui était fortement assailli de tentations sexuelles, demanda et obtint de prendre une relique sur le corps du père Matteo. Il la posa sur sa poitrine. Immédiatement il se sentit libéré de ses terribles obsessions[1] ».

En 1978, une plaque de marbre a été posée sur son tombeau, dans l'église du couvent. Elle rappelle ses titres et ses mérites :

Ici reposent les ossements du Serviteur de Dieu
Padre Matteo d'Agnone capucin
Ministre provincial – Théologien profond
Exorciste puissant
Défenseur de la Royauté du Christ
et de l'Assomption de Notre-Dame
Il a eu le don des miracles et des prophéties
Il est mort en odeur de sainteté
dans ce couvent de Serracapriola
le 31 octobre 1616

En tant qu'exorciste, le père Matteo d'Agnone présente cette particularité d'avoir, le plus souvent, combattu le diable et de l'avoir vaincu par sa seule présence priante. Il aimait à dire : « La prière est un remède très puissant pour mettre en fuite le démon. » S'il a pratiqué des exorcismes selon le rite en vigueur à son époque, la plupart du temps il lui suffisait d'être là, en prière silencieuse, ou de prier avec les fidèles ou d'autres religieux pour chasser les démons. Il avait une vision toute spirituelle du combat contre le démon. À la différence de son quasi-contemporain, le père Menghi, il n'a pas rédigé de manuel d'exorcisme. Il se fiait à la parole du Christ qui affirmait à propos d'une espèce de démon : « On ne la fait sortir que par le jeûne et la prière » (Mt 17, 21 et Mc 9, 29). Dans un sermon sur le diable, il affirmait : « Christ est venu pour détruire le péché et vaincre le démon parce qu'il est le Chemin, la

1. A. Mattatelli, *Un santo contro il demonio*, p. 107.

Vérité et la Vie. Le Chemin direct, la Vérité sûre, la Vie éternelle. Chemin sur terre, Vie au ciel, Vérité sur terre et au ciel[1]. »

À partir des années 1980, l'ordre capucin s'est attaché à faire connaître son enseignement et a engagé la procédure pour obtenir sa béatification. Le père Cipriano de Meo, qui lui aussi était exorciste, fut nommé vice-postulateur de la cause. Il s'attacha d'abord à rédiger une biographie grand public de son illustre prédécesseur – *Un santo senza altare* – à partir des chroniques de l'ordre capucin. L'ouvrage fut publié en 1982. Le 26 avril 1984, Mgr Criscito, évêque du diocèse de San Severo, où est mort le père Matteo, ouvrait le procès informatif diocésain. L'enquête historique menée permit, le 19 juin 1996, l'ouverture officielle du procès de béatification et de canonisation dans la cathédrale de San Severo. Lors de ce procès, tous les éléments historiques relatifs à la vie du père Matteo ont été rassemblés et tous ses écrits, édités ou inédits, ont été recueillis.

Le 9 mai 2002, la phase diocésaine de sa cause de béatification a été officiellement clôturée. La documentation rassemblée a été envoyée à la Congrégation pour les causes des saints, qui a publié un décret de validité le 31 mars 2006. En juin de cette même année, un rapporteur de la cause a été nommé. Il est chargé de rédiger la *Positio* qui exposera la vie et les vertus du père Matteo d'Agnone. C'est l'examen de cette *Positio* qui permettra à la Congrégation pour les causes des saints d'établir que le père Matteo a exercé les vertus sur un mode héroïque et qu'à ce titre il peut être honoré comme « vénérable ».

Le postulateur de la cause, le père Cipriano de Meo, a publié un livre sur sa propre expérience d'exorciste. Dans cet ouvrage, il témoigne de l'aide que son illustre confrère lui a apportée, à de très nombreuses reprises, lors d'exorcismes difficiles. Il l'invoquait, ou posait ses reliques sur le possédé ou pratiquait l'exorcisme devant sa tombe. Le père Cipriano dira : il a « toujours veillé sur mon ministère. Il a joué un rôle décisif par ses interventions[2] ».

---

1. Cité par le père C. de Meo dans *Mon expérience d'exorciste*, p. 318.
2. Père C. de Meo, *Mon expérience d'exorciste*, p. 86.

CHAPITRE 8

# JEAN-JOSEPH SURIN (1600-1665)

Ce qu'Aldous Huxley a appelé « les diables de Loudun » est l'affaire de possession la plus médiatisée au XVII^e siècle et aussi la plus compliquée à cause de son imbrication avec des questions politiques. Les exorcismes qui ont été pratiqués dans cette petite ville du Poitou, par des dizaines d'exorcistes, ont eu un caractère spectaculaire qui inspirera les écrivains (Alexandre Dumas, Alfred de Vigny et d'autres), les cinéastes (notamment *Les Diables* de Ken Russell en 1971) et même un opéra (*Les Diables de Loudun* de Penderecki en 1969).

La personnalité des principaux protagonistes – l'abbé Urbain Grandier, mère Jeanne des Anges et le père Surin – a donné lieu aux interprétations les plus divergentes de la part des historiens, des théologiens, des médecins, des psychologues et des neurologues. Selon le jugement rendu contre lui, le curé Grandier fut un prêtre débauché et lettré qui s'était rendu coupable du « crime de magie, maléfice et possession » ; pour ses partisans, il était innocent de ce crime et fut un bouc émissaire commode, voire un martyre. À l'époque contemporaine, certains historiens ont voulu faire de lui un précurseur de la libre-pensée. La plus célèbre des possédées de Loudun, mère Jeanne des Anges, fut, pour beaucoup d'historiens de la spiritualité, une mystique qui a connu une ascension spirituelle tourmentée ; au XIX^e siècle, pour le docteur Charcot et la médecine positiviste, elle est le prototype de l'hystérique qui transpose en termes religieux ses névroses. Quant au père Surin, tous ceux qui ont étudié de près ses écrits et sa vie – l'abbé Bremond, le père Cavallari, le père Michel de Certeau – s'accordent à voir en lui un des plus grands mystiques du XVIIe siècle, auteur d'ouvrages de spiritualité solides et d'une grande élévation, tandis que, pour Charcot et ses disciples, il était « un hystérique confirmé, atteint de délire érotique[1] »…

## DE LA SORCELLERIE À LA POSSESSION

Loudun avait été déchirée par les guerres de Religion et avait connu bien des violences et des destructions. La ville était devenue, pour un temps, un des bastions du protestantisme. Les « réformés » y avaient tenu un synode national et plusieurs synodes provinciaux. Le dernier avait eu lieu en 1631, un an avant que l'affaire n'éclate.

Les protestants étaient encore majoritaires dans cette petite ville du Poitou, mais la reconquête catholique progressait de façon méthodique. Depuis 1606, et pendant une vingtaine d'années, plusieurs ordres religieux et congrégations avaient ouvert des couvents ou des maisons dans la ville : les Cordeliers, les Jésuites, les Carmes réformés, les Capucins, les religieuses du Calvaire, les Ursulines enfin en 1626. Les Ursulines étaient une congrégation religieuse de création récente. Mi-contemplatives, mi-actives, elles tenaient des maisons pour l'éducation des filles et visitaient les pauvres malades à domicile.

La longue histoire des « diables de Loudun » est au carrefour des grands procès de sorcellerie et des impressionnantes affaires de possession collective qui marquent le XVIIe siècle. Le jésuite Michel de Certeau, auteur d'une étude originale sur la « possession de Loudun » et qui fut l'éditeur érudit de la correspondance du père Surin, a relevé que les grandes affaires de possession collective qui secouent la France – à Aix-en-Provence (1609-1611), à Loudun

1. L'expression est employée par les docteurs Gabriel Legué et Gilles de La Tourette, éditeurs, en 1886, de l'*Autobiographie* de Jeanne des Anges, rééditée en 1985 par les éditions Jérôme Millon, p. 86, note 2.

(1632-1640), à Louviers (1642-1647), à Auxonne (1658-1663) – diffèrent des grandes affaires de sorcellerie qui ont donné lieu à des procès retentissants au XVIe et au XVIIe siècle en France, en Europe du Nord et jusqu'en Amérique – les sorcières de Salem, dans le Massachusets, en 1692-1693.

Dans un premier temps, sorcellerie et possession se doublent. À Aix, le curé Gaufridy, et à Loudun, le curé Grandier, sont brûlés, considérés comme magiciens et responsables des cas de possession qui se sont multipliés dans les couvents des ursulines de leur ville. Puis les victimes (les possédés) passent au premier plan devant les coupables (les sorciers), dans des séances d'exorcisme qui ont lieu en public, contrairement aux normes du Rituel de 1616. Michel de Certeau caractérise ainsi cette évolution :

> Passant de la violence contre les magiciens à une curiosité apitoyée envers leurs victimes ; localisée dans les couvents et non plus dans les landes et les villages perdus ; devenue moins vengeresse, moins punitive, mais plus apologétique et prédicante, la diablerie vire d'une « guerre » contre les sorciers à un spectacle qui tient à la fois du cirque et de la mission populaire[1].

## MÈRE JEANNE DES ANGES

Si le père Surin, jésuite, est le principal exorciste actif à Loudun – mais pas tout le temps –, mère Jeanne des Anges est la figure centrale de cette affaire. Elle a rédigé vers 1642 une *Autobiographie* qui est restée longtemps inédite et qui n'a été publiée qu'en 1886. Ses détracteurs et les rationalistes considèrent qu'elle y fait preuve d'une grande naïveté et révèle ses névroses, tandis que ses admirateurs considèrent qu'elle a donné un grand témoignage de sincérité et d'humilité.

Née en 1605, elle était la fille de Louis de Belcier, baron de Cozes, et de Charlotte de Gourmard, deux familles illustres de la

1. M. DE CERTEAU, *La Possession de Loudun*, Paris, Gallimard-Julliard, coll. « Archives », 1980, p. 11.

province de Gascogne. Dans son enfance, une grave chute la laissa avec une difformité physique qui la disgrâciait. Dès l'âge de 4 ou 5 ans, elle fut confiée aux bénédictines de l'abbaye royale de Saintes. Elle y acquit une bonne connaissance du latin et connut ses premières expériences spirituelles extraordinaires. Mais elle dut retourner dans sa famille à l'âge de 15 ans. En 1622, elle entra chez les Ursulines de Poitiers, attirée par la règle de saint Augustin que suivait cet ordre religieux et leur vocation éducative et caritative. Ses premières années de vie religieuse furent sans ferveur. Elle reconnaîtra :

> Je n'avais aucune application à la présence de Dieu. Il n'y avait point de temps que je trouvasse si long que celui que la Règle nous oblige de passer à l'oraison ; c'est pourquoi lorsque je trouvais quelque prétexte pour m'en exempter, je l'embrassais avec affection, sans me mettre en peine de la reprendre. Je m'appliquais à la lecture de toutes sortes de livres, mais ce n'était pas par un désir de mon avancement, mais seulement pour me faire paraître fille d'esprit et de bon entretien, et pour me rendre capable de surpasser les autres en toutes sortes de compagnies[1].

En 1627, elle fit partie du groupe des religieuses qui fondèrent un couvent à Loudun. Elle en devint prieure en 1632 : elle avait 28 ans. La communauté comptait alors 17 religieuses. D'avril à septembre 1632, la petite ville connut une épidémie de peste qui ravagea la population : 3 700 morts sur une population de 14 000 habitants. Alors que sont signalés les derniers cas de peste, commencent les premières manifestations étranges dans le couvent des Ursulines. La chronologie des premiers événements et de la possession est précisément connue par le procès-verbal du premier exorcisme qui se déroula le 5 octobre 1632, soit quatorze jours après le début des faits[2].

Dans la nuit du 21 au 22 septembre, un « ecclésiastique, revêtu d'un grand manteau et soutane, tenant un livre couvert de

1. Jeanne des Anges, *Autobiographie*, p. 55-56.
2. Procès-verbal publié par M. de Certeau, *La Possession de Loudun*, p. 26-31.

parchemin blanc en la main, et le tenant ouvert », était apparu à trois religieuses : Jeanne des Anges, la prieure, sœur de Colombiers, la sous-prieure, et sœur Marthe de Sainte-Monique. Il demandait que l'on fît des prières pour lui. L'une présuma qu'il s'agissait de « l'âme peut-être de quelqu'un en purgatoire ». Certains en concluront qu'il s'agissait du prieur Moussaut, ancien confesseur du couvent, mort quelques semaines auparavant. Le 24, au réfectoire où les sœurs prenaient leur repas du soir, « un autre spectre en forme d'un globe tout noir alla jeter par terre violemment ladite sœur Marthe et ladite prieure, et au même temps deux autres religieuses là présentes se sentirent frappées à la jambe ». Les hématomes en furent visibles pendant « huit jours ».

Tous les autres jours de septembre, il ne se passa « aucune nuit qu'elles [les religieuses] n'eussent reçu de grands troubles, ravages et terreurs. Et même sans rien voir elles entendaient souvent des voix qui appelaient les unes ou les autres. Les autres recevaient des coups de poing, les autres des soufflets, les autres se sentirent excitées à des ris [rires] immodérés et involontaires ». Le 1er octobre, « sur les dix heures du soir, ladite prieure étant couchée, la chandelle allumée, et ayant sept ou huit de ses sœurs autour d'elle pour l'assister, à cause des attaques que plus particulièrement elle avait, elle sentit une main, sans rien voir, qui, lui fermant la sienne, y laissa trois épines d'aubespin [aubépine] ». Consulté deux jours plus tard, le supérieur du couvent capucin de la ville jugea plus prudent de faire brûler ces trois épines.

Le chanoine Jean Mignon, nouveau confesseur des ursulines, avait été le premier informé par les religieuses des étranges faits qui se déroulaient dans le couvent. Pour examiner l'affaire, il fit venir de Chinon le chanoine Pierre Barré, bachelier en théologie, et fit appel aussi aux pères Eusèbe de Saint-Michel et Pierre Thomas de Saint-Charles, deux religieux du couvent des carmes de Loudun. Ils interrogèrent les religieuses et recueillirent leur témoignage. Outre les faits que nous avons cités, ils relevèrent que, depuis « la réception desdites espines », la prieure Jeanne des Anges et d'autres religieuses « avaient ressenti d'étranges changements en leur corps et leur esprit, en telle sorte que parfois elles perdaient tout jugement et étaient agitées de grandes convulsions qui semblaient procéder de causes extraordinaires ». Ils en conclurent que « les dites épines étaient un maléfice pour les faire posséder ». Le 3 octobre, ils jugèrent que trois religieuses, mère Jeanne des Anges, sœur Louise de Jésus et sœur Claire de Saint-Jean, étaient victimes d'« une vraie possession, et qu'il serait expédient de procéder sur elles par exorcismes de la Sainte Église ».

Les premiers exorcismes eurent lieu le 5 octobre 1632. Mère Jeanne des Anges fut exorcisée dans sa cellule deux fois, une fois le matin et une fois l'après-midi. Ces exorcismes se poursuivront jusqu'en 1637. Lors des deux premières séances, sommé de dire son nom, le diable répondit plusieurs fois « Ennemi de Dieu ». Lors du troisième exorcisme, interrogé sur la façon dont il avait pris possession de la prieure, il répondit « Pacte », et avoua que l'auteur du pacte était un « prêtre ». À la question : « Qui est le prêtre ? », le diable répondit « Petrus », et donna son titre « curé ». On va le voir, par ces réponses le diable brouillait les pistes.

L'exorcisme décisif eut lieu le 11 octobre, en présence de Guillaume de Cerisay, le bailli de Loudun. Ce jour-là, un des démons qui possédaient mère Jeanne des Anges dit son nom : Astaroth. Il révéla l'identité de celui qui avait conclu le pacte satanique : Urbain Grandier, curé de Saint-Pierre-du-Marché, et le moyen de la possession : *rosarum* (« des roses »), l'aubépine appartenant effectivement à la famille des rosacées. L'irruption du nom de Grandier, connu de tous les Loudunais mais personnage controversé, donna une autre dimension à l'affaire.

## LE CURÉ GRANDIER

Originaire de Bouère, en Mayenne, Urbain Grandier avait fait ses études au collège jésuite de Bordeaux, puis des études ecclésiastiques qui lui avaient permis d'être ordonné prêtre en 1615. Deux ans plus tard, en 1617, il était nommé curé de Saint-Pierre-du-Marché, à Loudun. « Prêtre généreux, dira Michel de Certeau, éloquent et lettré, il accumulait contre lui les haines que lui valaient son arrogance de mousquetaire et une totale absence de scrupules à l'égard de paroissiennes trop faciles[1]. » Jules Michelet, dans son histoire de la sorcellerie, qui ne croit pas que Grandier fût un sorcier, jugera néanmoins que « c'était un fat, vaniteux, libertin, qui méritait, non le bûcher, mais la prison perpétuelle[2] ».

Il fréquentait le cercle littéraire local. Il entra en conflit avec différentes autorités civiles et ecclésiastiques de Loudun, d'abord pour des querelles de préséance. À partir de 1621, plusieurs procès lui furent intentés. Il séduisit deux jeunes filles. À la première, il laissera un enfant ; à la seconde, il dédiera un *Traité du célibat des prêtres* (qui ne sera publié qu'en 1856), dans lequel il cherchait à montrer que le célibat est imposé aux prêtres par l'Église et ne devrait concerner que les religieux qui prononcent des vœux. Il passait aussi pour être l'auteur d'un pamphlet contre Richelieu publié en 1627.

En octobre 1629, Louis Trincant, procureur, et deux paroissiens le dénoncèrent auprès de l'évêque de Poitiers. Ils l'accusaient « d'avoir débauché des femmes et des filles, d'être impie et profane, de ne jamais dire son bréviaire et même d'avoir abusé d'une femme dans son église[3] ». Arrêté sur ordre de l'évêque de Poitiers, il avait été amené dans la prison épiscopale en attendant d'être jugé. L'enquête recueillit des témoignages accablants contre lui. Le 3 janvier 1630, il était condamné à jeûner au pain et à l'eau tous les vendredis pendant trois mois, il était interdit *a divinis* pendant cinq ans dans le diocèse de Poitiers et interdit de séjour, à vie, dans la ville de Loudun. Le curé se pourvoya en appel devant l'archevêque de Bordeaux qui, par jugement en date du 22 novembre 1631, le déclara « absous des cas et crimes à lui imposés » et leva l'interdiction *a divinis* qui lui avait été infligée.

Grandier avait pu reprendre ses fonctions à l'église Saint-Pierre, un peu trop triomphant. Un de ses amis, le prêtre Ismaël Bouillau,

---

1. M. de Certeau, *La Possession de Loudun*, p. 244.
2. J. Michelet, *La Sorcière*, Paris, Garnier-Flammarion, 1966, p. 198, note 1 (1re édition en 1862).
3. M. Carmona, *Les Diables de Loudun. Sorcellerie et politique sous Richelieu*, Paris, Fayard, 1988, p. 123-124.

dira de lui : « Il avait de grandes vertus, mais accompagnées de grands vices, humains néanmoins et naturels à l'homme. Il était docte, bon prédicateur, bien disant, mais il avait un orgueil et une gloire si grande que ce vice lui a fait pour ennemis la plupart de ses paroissiens. »

## UNE ÉPIDÉMIE DE POSSESSIONS

Avec la révélation par le diable que Grandier était le responsable de la possession des ursulines de Loudun, l'affaire prit une autre dimension. Les autorités civiles – le bailli, le procureur du roi, le lieutenant civil, le lieutenant criminel – viendront dans les jours ou les semaines qui suivent assister aux exorcismes qui se poursuivaient. Plusieurs médecins aussi sont présents aux séances et établissent des rapports.

Le 13 octobre, au cours d'un exorcisme, Jeanne des Anges révéla le nom des sept démons qui l'habitaient, dans l'ordre hiérarchique : Astaroth, Zabulon, Cham, Nephtalon, Achas, Allix et Uriel. Le bailli de Loudun, Cerisay, sceptique dès l'origine, engagea une sorte de contre-expertise, assistant à un exorcisme en présence de médecins qu'il avait choisis. L'évêque de Poitiers se mêla lui aussi de l'affaire. Le 24 novembre, il autorise officiellement les exorcismes. Le mois suivant, il envoie les doyens des chapitres de Thouars et de Champigny le représenter à Loudun.

Le nombre des religieuses tourmentées par le démon augmenta. En décembre, neuf seraient « possédées » (le démon agissant comme « principe interne ») et huit « obsédées » (le démon étant « agent externe »). L'archevêque de Bordeaux, Mgr de Sourdis, qui avait deux nièces parmi les ursulines de Loudun, lui, était sceptique devant les faits qui se déroulaient. Il trouvait que l'évêque de Poitiers était trop ardent à croire à la réalité de la possession collective. Par une ordonnance en date du 24 décembre, il établit une procédure à suivre dans les exorcismes[1] : d'abord isoler la supposée

---

1. Cité par M. de Certeau, *La Possession de Loudun*, p. 58-59.

possédée, la faire examiner « par deux ou trois médecins catholiques » qui la suivront pendant deux ou trois jours, la purger « s'ils le jugent à propos ». Ensuite, « on tâchera, par menaces, disciplines, si on le juge à propos, ou autres moyens, de connaître la vérité ». Enfin on recherchera dans la supposée possédée des « marques surnaturelles » : parler des langues qui lui sont inconnues ou entrer en lévitation. Ce n'est qu'après tous ces examens, s'ils sont concluants, et ces vérifications qu'on pourra engager éventuellement un exorcisme.

La procédure prudente fixée par Mgr Sourdis ne sera que partiellement suivie.

L'évêque de Poitiers fit examiner les possédées par des médecins et des chirurgiens qui rédigèrent des rapports, constatant que les faits observés lors des exorcismes dépassaient la nature. C'est au vu de ces rapports que, le 11 février 1633, quatre docteurs en théologie de Sorbonne émirent un jugement écrit affirmant que deux religieuses, mère Jeanne des Anges et sœur Claire, étaient « vraiment et réellement possédées du démon », et que quatre autres étaient soit possédées soit obsédées.

La prieure des ursulines conviendra que, à cette époque, elle prenait un certain plaisir aux tourments que lui infligeaient les démons qui étaient en elle :

> Le diable me trompait souvent par un petit agrément que j'avais aux agitations et autres choses extraordinaires qu'il faisait dans mon corps. Je prenais un extrême plaisir d'en entendre parler et j'étais bien aise de paraître plus travaillée que d'autres, ce qui donnait de grandes forces à ces esprits maudits, car ils sont bien aises de nous pouvoir amuser à regarder leurs opérations, et, par là, ils s'insinuent peu à peu dans les âmes et prennent de grands avantages sur elles ; car ils font que l'on n'appréhende pas leur malice[1].

Dans les premiers temps des exorcismes, le père Lactance, qui fut donné comme directeur et exorciste à Jeanne des Anges, introduisit un nouvel usage pour donner la communion : au lieu

1. Jeanne des Anges, *Autobiographie*, p. 76.

d'entrer dans le chœur des religieuses, il les faisait s'approcher de la grille. La prieure fut fâchée de ce nouvel usage et donna au diable occasion de se manifester par un sacrilège :

> Je commençai à en murmurer dans mon cœur, et je pensai en moi-même qu'il ferait mieux de suivre la manière des autres prêtres. [...] il me vint dans l'esprit que, pour humilier ce prêtre, le démon eût fait quelque irrévérence au très saint Sacrement. Je fus si misérable que je ne résistai pas assez fortement à cette pensée. Comme je me présentai à la communion, le diable s'empara de ma tête, et, après que j'eus reçu la sainte hostie et que je l'eus à demi humectée, le diable la jeta au visage du prêtre. Je sais bien que je ne fis pas cette action avec liberté, mais je suis très assurée à ma grande confusion que je donnai lieu au diable de la faire, et qu'il n'eût point eu ce pouvoir si je ne fusse point liée avec lui.

## UNE AFFAIRE D'ÉTAT

Jean Martin, baron de Laubardemont, magistrat, membre du Conseil d'État, avait été chargé par Richelieu, en novembre 1631, de détruire le château de Loudun et ses fortifications. En tant que représentant du pouvoir royal, il heurtait les intérêts et les prérogatives de certaines autorités locales, notamment Jean d'Armagnac, le gouverneur de la cité. Le clivage se poursuivra lors de l'affaire Urbain Grandier. L'affaire traîna. Enfin, en septembre 1633, il arriva à Loudun pour accomplir sa mission : raser le donjon. Il s'intéressa aussi, sans en être encore chargé, à l'affaire des ursulines possédées et à l'accusation portée contre Grandier. Il s'y intéressa d'autant plus qu'en 1625 et 1629 il avait eu à traiter des cas de sorcellerie en Béarn.

À Loudun, il rencontra Grandier et ses amis. À Chinon, il rendit visite au père Barré qui avait procédé aux exorcismes l'année précédente et lui en communiqua les procès-verbaux. De retour à Paris, il s'entretint de l'affaire avec le père Joseph, l'éminence grise de Richelieu, qui avait déjà été informé par ses confrères capucins de Loudun. Le cardinal de Richelieu décida de présenter l'affaire au Conseil du roi qui se tient le 30 novembre 1633. Participaient à ce Conseil Louis XIII, Richelieu, le chancelier Séguer, le surintendant des Finances Bouthillier, le secrétaire d'État Phélypeaux, le père Joseph et Laubardemont. Le jour même, ce dernier recevait par lettres patentes la « commission » d'instruire le procès de Grandier et de le faire juger[1].

L'affaire de la possession de Loudun n'était plus uniquement une affaire d'Église. Elle était aussi soumise désormais à la justice royale par une procédure d'exception puisque Laubardemont avait mission d'enquêter et de constituer un tribunal spécial. Dès ce 30 novembre, un ordre d'arrestation était pris contre le curé Grandier.

Début décembre, Laubardemont revint à Loudun comme « commissaire » royal. Le 7 décembre, il faisait arrêter Grandier, le faisait incarcérer dans les prisons du château d'Angers et faisait perquisitionner son domicile. Le 12 décembre, l'information contre Grandier était ouverte et de nombreux témoins furent interrogés, à la fois sur sa conduite et sur son action possible comme « mage ».

Au cours de l'enquête, d'autres cas de possession ou d'obsession seront révélés. Au total, neuf religieuses seront considérées comme possédées et huit comme obsédées ou « maléficiées », auxquelles s'ajouteront dix laïques, possédées ou obsédées. En écoutant les dépositions des religieuses, Laubardemont comprit

> que Grandier s'était introduit dans leur maison à toute heure de jour et de nuit pendant quatre mois, sans qu'elles pussent s'expliquer comment il pouvait y entrer ; qu'il se présentait à elles lorsqu'elles étaient debout et vaquaient à l'oraison ; qu'il les sollicitait au mal, qu'elles ont été frappées par quelque chose qu'elles ne voyaient pas et que tous ces accidents ont commencé par l'apparition du prieur Moussaut, et finalement par celle de Grandier[2].

En février 1634, Laubardemont se rendit à Angers avec un greffier, un avocat et le délégué de l'évêque de Poitiers. Huit jours

1. M. Carmona, *Les Diables de Loudun*, p. 207.
2. *Ibid.*, p. 210.

de suite, il interrogea Grandier. En avril, il le fit ramener à Loudun. Grandier fut placé dans une chambre close et gardée, où il put néanmoins recevoir l'assistance spirituelle de deux capucins.

Les exorcismes, œuvre d'Église, avaient confirmé la réalité de la possession et auront pour but de libérer les religieuses du démon. L'instruction du cas Grandier, œuvre de la justice civile, cherchait à établir qu'il était, par sorcellerie, le responsable de la possession. Les deux actions, civile et religieuse, étaient menées en parallèle mais non sans interférences.

Le 14 avril eut lieu la première confrontation entre Grandier et les possédées. Aucune n'avait jamais rencontré Grandier, même pas la prieure, et toutes reconnurent en lui celui qui était venu « hanter » leurs jours et leurs nuits pendant quatre mois.

Les exorcismes se poursuivaient. Les deux premiers prêtres qui les avaient pratiqués, Barré et Mignon, s'étaient retirés. Ils avaient été remplacés par Guilloteau, un prêtre de l'évêché de Poitiers, le père Lactance, un récollet du couvent de Limoges, et quatre capucins. Du 15 avril au 15 juin 1634, Mgr de La Rocheposay, évêque de Poitiers, présida tous les jours aux séances d'exorcisme, et parfois fit lui-même un exorcisme.

Fin avril, en application de la procédure fixée par l'archevêque de Bordeaux, les religieuses furent séparées et placées en plusieurs maisons particulières. Les exorcismes se firent désormais et simultanément dans plusieurs des églises et chapelles de la ville. Les séances étaient publiques. Devant l'autel, une estrade était dressée de façon que les exorcismes puissent être vus de tout le monde, et une sorte de matelas était installé où la possédée se couchait et était attachée pendant l'exorcisme.

Le tribunal, lui, devait établir la culpabilité du curé Grandier de façon juridique. Il distinguera « preuves ordinaires » et « preuves extraordinaires ». Les preuves ordinaires furent les dépositions de témoins – les paroissiens du curé Grandier et d'autres habitants de la ville – et les dépositions des religieuses interrogées par les juges civils hors des exorcismes. Les preuves extraordinaires lui furent fournies par les révélations faites lors des exorcismes. Le 25 avril 1634, au cours d'un exorcisme pratiqué sur Jeanne des Anges, un démon, Asmodée, révéla que Grandier avait signé un pacte avec lui avec son sang et que, pour ce faire, il s'était fait une coupure au pouce de la main droite. Laubardemont, des médecins et des exorcistes s'étaient rendus alors auprès de Grandier et avaient constaté une cicatrice à l'endroit indiqué. Grandier avait donné deux explications différentes, qui n'avaient pas convaincu les juges.

Le 26 avril, au cours d'un nouvel exorcisme, le démon Asmodée avait révélé les « marques indolores », c'est-à-dire les endroits du corps de Grandier que le diable avait rendu insensibles. Une fois encore, Laubardemont, des médecins, des chirurgiens et des exorcistes se rendirent auprès de Grandier et firent des tests. Deux endroits de son corps, bien que piqués profondément, ne saignèrent pas et Grandier n'avait éprouvé aucune douleur.

Enfin, au cours de ces exorcismes, trois « pactes » écrits par Grandier au diable – l'un en latin, deux en français – ont été successivement « trouvés ». On ne saurait employer d'autres termes, puisqu'il s'agit de papiers que le diable a été forcé de révéler et qui ont été trouvés sur place. L'un de ces pactes était ainsi rédigé :

> Je renie Dieu, Jésus-Christ, le Saint-Esprit, Marie, tous les saints Apôtres, particulièrement saint Jean-Baptiste, l'Église, tant triomphante que militante, tous les Sacrements, toutes les preuves qui s'y font. Je promets de ne jamais faire de bien, de faire tout le mal que je pourroi, et voudroi bien n'estre point homme, mais que ma nature fust changée en diable pour te servir mieux, toi, mon seigneur et maistre Lucifer, et te promets qu'encore qu'on me fist faire quelque bonne œuvre, je ne la feré pas en l'honneur de Dieu, mais à son mespris, et en ton honneur et de tous les diables, et me donne toujours à toi et te prie de garder bien la cédule que je t'ai donnée[1].

1. Document publié par le docteur G. Legué, *Documents pour servir à l'histoire médicale des possédées de Loudun*, Paris, Adrien Delahaye, 1874, p. 23. Un autre pacte est publié par M. Carmona, *Les Diables de Loudun*, p. 217-218.

## LE « THÉÂTRE DE L'EXORCISME »

Les séances d'exorcisme à Loudun se déroulant en public, elles attiraient des curieux venus de toute la France, et même de l'étranger. Certains visiteurs restaient plusieurs jours dans la ville, allant d'une église à l'autre, d'un exorcisme à l'autre. Les exorcismes tels qu'ils sont pratiqués à Loudun peuvent apparaître comme une théâtralisation de la lutte contre le démon[1]. Le père Surin, qui sera l'exorciste de mère Jeanne des Anges après l'exécution de Grandier, parlera de Loudun comme d'« un théâtre où accouraient toutes sortes de personnes ». Mais, même mis en scène, au sens littéral, les exorcismes restaient d'abord un acte liturgique, avec ses rites, ses instruments (étole, crucifix, encens, custode avec le saint sacrement, reliques, sel, etc.) et ses formules codifiées. On le voit par cette séance violente du 8 mai 1634, où l'exorciste, le père Lactance, force avec violence le diable à adorer le saint sacrement. Ce faisant, il a été contraint de brutaliser Jeanne des Anges et il a vaincu provisoirement le diable en répétant un verset du psaume 90 :

> L'exorciste a contraint le diable d'adorer le saint Sacrement et l'a fait mettre en toutes les postures qu'il a voulues, en telle sorte que tous les assistants en ont été comme ravis d'admiration, et même en ce que, par sa parole, il a fait mettre ce corps [celui de Jeanne des Anges] le ventre contre terre, la tête élevée en haut, les bras et les pieds tournés en arrière, joints et enlacés ensemble, et les a fait pareillement déprendre et remettre. Et comme, revenue à elle, la créature était commandée de chanter le verset *Memento salutis* et voulait prononcer *Maria mater gratiae*, on a entendu soudain sortir de sa bouche une voix horrible disant : « Je renie Dieu. Je la maudis. » Et ensuite elle s'est mordu la langue, puis au bras, d'une furieuse façon, nonobstant les efforts de l'exorciste pour l'en empêcher.
>
> Ce que voyant, le père Lactance a jeté rudement par terre le corps de la possédée, l'a foulé avec grande violence sous ses pieds, puis, un pied sur sa gorge, a répété plusieurs fois : *Super aspidem et basiliscum*

1. Michel de Certeau consacre le chapitre 7 de *La Possession de Loudun* à cette analyse de l'événement : « Le théâtre des possédées ».

*ambulabis et conculcabis leonem et draconem* [« Tu marcheras sur l'aspic et le basilic et tu fouleras aux pieds le lion et le dragon »][1].

Le 20 mai, trois des sept démons qui possédaient Jeanne des Anges – Asmodée, Grésil et Aman – sortirent du corps de Jeanne des Anges.

## EXÉCUTION DU SORCIER GRANDIER

Le 23 juin eut lieu une nouvelle confrontation de Grandier avec les possédées, en présence de l'évêque de Poitiers. On présenta à Grandier différents maléfices par lesquels il avait introduit, disait-on, le diable dans les possédées. Il nia les avoir jamais vus. Les maléfices furent brûlés. La confrontation entre le curé Grandier et les possédées donna lieu à des scènes violentes et choquantes.

Le 8 juillet, Louis XIII désigna les quatorze juges qui composeraient le tribunal devant lequel Grandier devrait comparaître : outre Laubardemont, il s'agissait de magistrats choisis dans les sièges présidiaux et les tribunaux de la région (Tours, Poitiers, Châtellerault, etc.). C'étaient des juges civils, représentants de la justice royale, mais ils œuvraient et jugeaient en catholiques. Comme l'écrit Michel de Certeau, « ils sont persuadés d'assurer le salut de la religion menacée, de l'ordre compromis et des âmes saisies par le diable ». Le travail du tribunal fut inauguré le 26 juillet « par une réunion liturgique en l'église des carmes, avec messe, prêche, communion et procession solennelle. Jusqu'au prononcé du jugement, les magistrats se rendront tous les dimanches et fêtes dans l'une des églises de la ville pour y adorer le saint sacrement, y assister à une messe du Saint-Esprit et entendre les prédications de l'un ou l'autre des exorcistes[2] ». Jusqu'à la fin du procès, le tribunal siégera dans ce même couvent des carmes.

Les juges interrogèrent de très nombreux témoins, firent procéder à de nouveaux exorcismes, interrogeant directement parfois les

1. Cité par M. de Certeau, *La Possession de Loudun*, p. 156-157.
2. *Ibid.*, p. 228-229.

religieuses. Devant le sieur de Laubardemont, Jeanne des Anges accusa Grandier d'être le magicien qui l'avait mise sous le pouvoir du démon. Puis Jeanne des Anges se rétracta et tenta de se suicider :

> [Elle] se mit en chemise, nue tête, avec une corde au col et un cierge en la main, et demeura en cet état l'espace de deux heures dans le milieu de la cour où il pleuvait en abondance, et, lorsque la porte du parloir fut ouverte, elle se jeta dedans et se mit à genoux devant ledit sieur de Laubardemont, lui déclarant qu'elle venait pour satisfaire à l'offense qu'elle avait commise en accusant l'innocence de Grandier, puis, s'étant retirée, attacha la corde à un arbre dans le jardin, où elle se fut étranglée si ses sœurs n'y fussent accourues[1].

Cette rétractation et cette tentative de suicide furent considérées par les juges comme une preuve supplémentaire du pouvoir occulte exercé par Grandier sur ses victimes.

Grandier continuait à clamer son innocence. Il écrivait à sa mère :

> Touchant la magie et le mal des religieuses, je n'ai rien à dire qu'une vérité bien constante qui est que j'en suis du tout innocent et à tort accusé [...] je me repose de tout sur la Providence de Dieu, sur le témoignage de ma conscience et sur l'équité de mes juges, pour l'illumination desquels je fais des prières continuelles à Dieu[2].

Il demandait que la recherche des « marques du diable » qui a été faite en avril soit recommencée. Cela lui fut refusé.

Plusieurs libelles furent publiés pour prendre la défense de Grandier ou, ou contraire, pour justifier le procès. Le tribunal n'avait pas pour but de juger de l'authenticité de la possession, mais d'en rassembler les preuves. À l'avis des théologiens de Sorbonne émis le 11 février 1633, aux attestations fournies par les exorcistes,

---

1. Lettre du père Surin, BnF Fr. 24163, manuscrit cité dans J.-J. Surin, *Correspondance*, Paris, Desclée de Brouwer, 1966, p. 1732-1733.
2. M. de Certeau, *La Possession de Loudun*, p. 231-232.

aux certificats établis par les médecins, s'ajouta, le 10 août 1634, la déclaration officielle écrite faite par l'évêque de Poitiers qui affirmait que les religieuses sont « véritablement travaillées et possédées par les démons et malins esprits ».

Les 15, 16 et 17 août, Grandier comparut à nouveau devant ses juges. Il reconnut avoir eu des liaisons coupables avec des femmes (des « faiblesses de nature »), mais nia le crime de sorcellerie dont on l'accusait. Le 18 août, il fut déclaré coupable du « crime de magie, maléfice et possession arrivé par son fait ès personnes d'aucunes religieuses ursulines de cette ville de Loudun et autres séculières mentionnées au procès ». Il fut condamné à la « question ordinaire et extraordinaire » puis à être brûlé vif. La « question ordinaire et extraordinaire » – c'est-à-dire la torture – avait pour but de lui extorquer *in extremis* les aveux qu'il s'était refusé à faire et de lui faire révéler le nom de ses éventuels complices.

Il fut brûlé le jour même, place du Marché-Sainte-Croix, près de l'église dont il avait été le curé, devant plusieurs milliers de curieux qui s'étaient massés sur la place et dans les rues alentour.

## PREMIER SÉJOUR DU PÈRE SURIN À LOUDUN

Si le responsable des possessions avait été jugé et condamné, les possessions n'en continuaient pas moins. Aussi les exorcismes furent-ils poursuivis. Un mois après l'exécution de Grandier, Laubardemont demanda aux jésuites de Poitiers de lui envoyer de nouveaux exorcistes en renfort. En décembre, les pères Anginot, Bachelerie, Rousseau et Surin arrivèrent à Loudun. Le père Surin eut un rôle éminent comme exorciste de mère Jeanne des Anges.

Né en 1600 à Bordeaux, entré au noviciat des jésuites de Bordeaux le 2 juillet 1616, il avait fait ses études successivement à Périgueux, à La Flèche, au collège de Clermont à Paris. Il avait exercé son ministère successivement à Bordeaux, à Saintes et à Marennes. Il arriva à Loudun en décembre 1634 et y resta, une première fois, jusqu'en octobre 1636. Après ce premier séjour, et alors que les possessions n'étaient pas terminées, il commencera à rédiger un ouvrage, *Triomphe de l'amour divin sur les puissances de l'enfer*, pour raconter son expérience d'exorciste et l'aide spirituelle qu'il a tenté d'apporter à mère Jeanne des Anges. Il ne pourra achever la rédaction de ce livre qu'en 1660 et l'ouvrage ne sera édité qu'au début du XIXe siècle.

Le 21 décembre 1634, le père Surin intervint pour la première fois dans le couvent de Loudun. Il pratiqua un premier exorcisme. Mère Jeanne des Anges entra dans une voie de tentations suscitées par le démon. À partir du 24 janvier 1635, le diable la trompa de différentes manières. « J'ai entendu, dira-t-elle dans son *Autobiographie*, comme la voix d'un homme qui me disait des paroles lascives et flatteuses pour me séduire ; il me pressait de lui donner place dans mon lit, il voulut faire un attouchement déshonnête sur moi, je lui résistai et l'en empêchai[1]. » Sans citer son nom, mais en y faisant clairement référence, elle dira qu'à cette époque elle éprouvait la nuit, pour le père Surin, de « grands mouvements d'amour », et le diable lui faisait éprouver « des désirs déréglés des choses malhonnêtes ».

Aux tentations et obsessions charnelles, le diable ajoutait des tentations spirituelles. Une nuit, elle entendit une « douce » voix qui lui disait :

> « Dieu n'est que douceur, Dieu n'est qu'amour. Il faut aller à lui par amour. Toutes ces pensées de pénitence et de misère ne font que rabaisser l'esprit. Si Dieu permet qu'il arrive des tentations, il les faut prendre comme un exercice vers lui, se résigner et prendre patience. Tant s'émouvoir ôte la paix. Il y a tant de belles choses en Dieu capables d'élever le cœur et, par une courte voie, atteindre à l'union de son amour[2]... »

Surin vit là une doctrine erronée – qui sera condamnée des décennies plus tard sous le nom de quiétisme –, une doctrine qui séduit « quantité d'âmes en ce siècle », qui les persuade qu'« une

1. Jeanne des Anges, *Autobiographie*, p. 100.
2. Manuscrit cité par M. de Certeau en note dans son édition de la *Correspondance* de J.-J. Surin, p. 1736.

mortification superficielle » suffit et qui « jette l'âme dans la mollesse ».

Surin n'abandonnait pas les exorcismes. Parlant de lui à la troisième personne, il écrira plus tard : « Il attaqua le Diable directement, le débilitant par ses exorcismes et par des commandements qui l'affligeaient et l'humiliaient beaucoup ; le principal desquels était de rendre hommage à Jésus-Christ au très Saint-Sacrement », et aussi : « Il se mettait à l'oreille de la possédée en présence du Saint-Sacrement, et là il faisait des discours en latin de la vie intérieure, des biens qui se trouvent en l'union divine, et semblables propos à voix basse ; de quoi le Diable était si extrêmement tourmenté que l'exorcisme lui était chose de peu de prix[1]. »

On le voit, parallèlement aux exorcismes, Surin engageait aussi envers mère Jeanne des Anges une autre « manière de combat », c'est-à-dire un travail de direction spirituelle pour « prendre parfaitement connaissance de l'état de l'âme pour combattre Satan dans la racine et introduire l'esprit de Jésus-Christ ». Il remarqua rapidement, chez Jeanne des Anges, de la « dissimulation » (« Elle ne se communiquait point franchement et ne cherchait qu'à s'échapper ») et qu'elle se trouvait depuis deux ans dans un état de « médiocrité spirituelle », point de fautes graves mais un « endurcissement de cœur » tel qu'« elle ne pouvait quasi s'élever à Dieu ni pratiquer aucun exercice d'oraison »[2]. Le père Surin l'exhorta pendant plusieurs semaines « à une entière résolution de donner place au vouloir divin, à une parfaite pureté de cœur et un total abandon de soi à l'empire de la grâce ».

Un des plus étonnants phénomènes de la possession de mère Jeanne des Anges fut la croyance qu'elle était enceinte des œuvres du démon. Elle en fut convaincue avant même l'arrivée du père Surin. Elle attribuera cette illusion au démon Isacaaron : « Il faisait une opération sur mon corps, la plus furieuse et la plus étrange qu'on se puisse imaginer, ensuite, il me persuada vivement que

---

1. J.-J. Surin, *Triomphe de l'amour divin sur les puissances de l'enfer* et *Science expérimentale des choses de l'autre monde*, Grenoble, Jérôme Millon, 1990, p. 27 et p. 28.
2. Manuscrit cité par M. de Certeau en note dans son édition de la *Correspondance* de J.-J. Surin, p. 1733.

j'étais grosse d'enfant, en sorte que je le croyais fermement, et j'en avais tous les signes qu'on peut en avoir[1]. » Ce qui, sur le plan médical, s'apparentait à une grossesse nerveuse dura encore dans les premières semaines où le père Surin exorcisait la prieure.

Au désespoir, le 3 janvier 1635, elle se résolut à s'ouvrir le ventre avec un couteau pour en sortir l'enfant et le baptiser, avant de « l'étouffer » et de mourir elle-même ! Le couteau déjà en main, et l'eau prête pour le baptême, elle fut empêchée d'accomplir ce qu'elle avait décidé par une intervention surnaturelle, un « coup de la miséricorde ». C'est un nouvel exorcisme qui fera disparaître tous les signes de cette fausse grossesse.

Pendant cette période, à partir de janvier 1635, le père Surin commença lui-même à être « obsédé du diable, supportant d'étranges effets », dira-t-il : maux de tête, difficultés à respirer, tremblements, difficultés à marcher. Il s'était offert à Dieu comme victime pour racheter la mère Jeanne des Anges. À un de ses confrères jésuites, il écrira bientôt :

> J'ai fort peu d'opérations libres ; quand je veux parler, on m'arrête tout court ; à la table, je ne puis porter le morceau à la bouche ; à la confession, je m'oublie tout à coup de mes péchés et je sens le diable aller et venir chez moi comme dans sa maison. Dès que je me recueille, il est là ; à l'oraison, il m'ôte une pensée quand il lui plaît ; quand le cœur commence à se dilater en Dieu, il le remplit de rage. Il m'endort quand il veut ; il me réveille quand il veut, et publiquement, par la bouche de sa possédée, il se vante qu'il est mon maître[2].

Par un phénomène rare dans l'histoire des exorcismes, la possédée partageait sa possession avec l'exorciste. Dans *Le Triomphe de l'amour*, le père Surin pourra écrire : « Une chose qui parut

---

1. Jeanne des Anges, *Autobiographie*, p. 80-81.
2. Lettre du père J.-J. Surin au père Achille d'Attichy, le 3 mai 1365, dans *Correspondance*, p. 265. Le père d'Attichy commettra l'indélicatesse de publier cette lettre, sous le titre : *Lettre du Reverend Père Seurin [sic], exorciste des religieuses Ursulines à Loudun, escrite à un sien amy jésuiste. Où se voyent des choses estranges arrivées en sa personne, lesquelles excitent puissamment à la foy & à la crainte des jugements de Dieu*, Paris, 1635, 8 pages imprimées.

singulière, ce fut de voir que le démon passait tout soudainement du corps de la mère prieure en celui du père [Surin], puis retournait d'où il était parti. »

Les exorcismes de mère Jeanne des Anges se poursuivaient. En mai 1635, un premier démon, Asmodée, fut chassé du corps de la prieure. Le duc Gaston d'Orléans, frère du roi Louis XIII, en visite à Loudun en ces jours, accepta de signer le procès-verbal qui rendait compte de l'exorcisme et attesta de l'expulsion du démon. Le mois suivant, en juin, Jeanne des Anges connut une véritable conversion à la suite d'un songe surnaturel :

> Il me sembla que je vis en dormant un jeune enfant qui me disait : Tu ne surmonteras jamais ta chair qu'en combattant contre elle ; ne pense pas que Dieu demeure toujours dans une nature molle et délicate, laquelle veut avoir toutes ses aises ; si tu veux avoir repos contre tes ennemis, il faut que tu les combattes par de rudes pénitences et que tu mettes en arrière le soin de toi-même.

Elle tenta de résister à cette injonction intérieure pendant huit jours, puis, pendant l'oraison, un rappel surnaturel vint la convaincre définitivement :

> Comme Notre-Seigneur m'avait donné le dessein d'accomplir sa volonté, il me donna un jour, pendant mon oraison, un grand désir de me jeter dans une vie fort pénitente. Je sentis une grande aversion de l'état de trouble. Il me sembla que Notre-Seigneur me disait intérieurement : la liberté ne dépend que de toi, mais ne pense pas en jouir autrement qu'avec travail ; si tu t'opposes fortement à tes ennemis, et si tu te châties des désordres qu'ils te feront faire, tu en viendras bientôt à bout[1].

En d'autres termes, la délivrance du démon ne se fera pas sans la coopération de Jeanne des Anges et sans un effort ascétique de sa part.

---

1. Jeanne des Anges, *Autobiographie*, p. 121 et 124

## LES « SIGNES QUE LES DÉMONS ONT LAISSÉS À LEUR SORTIE »

À Loudun, dans le cas particulier de mère Jeanne des Anges, il y a une sorte de contrepoint surnaturel : la possession introduite par le curé-sorcier Grandier est attestée par les « marques du diable » repérées sur son corps, par des pactes et des maléfices retrouvés ; tandis que la délivrance est attestée par des « signes divins », en l'occurrence des stigmates dont seront marqués le front puis la main de Jeanne des Anges.

Le 17 mai 1635, lors d'un exorcisme fait en présence de l'évêque de Poitiers, le démon Léviathan avait annoncé que, lors de son expulsion, un signe visible – une croix sanglante – attesterait de sa sortie. C'est ce qui se produisit.

Le 5 novembre eut lieu l'expulsion de Léviathan :

> La cérémonie débute à peine lorsque Léviathan paraît, proférant mille insolences et menaces contre l'Église. Le père Surin lui ordonne de s'humilier au pied du Saint Sacrement et lui enjoint de quitter le corps de la possédée en traçant sur son front une croix sanglante comme signe de sa sortie. Léviathan, au milieu des blasphèmes, a beau se défendre farouchement, il ne peut rien contre l'Église triomphante. Les spectateurs le voient ramper au pied de l'hostie. Une croix sanglante surgit sur le front de Jeanne tandis que Léviathan disparaît à jamais de son corps. La marque mettra trois semaines à s'effacer[1].

Le fait est attesté par un procès-verbal établi par un greffier, signé par Surin, les autres exorcistes présents et plusieurs personnalités présentes, et par une lettre de Surin à l'évêque de Poitiers.

Trois semaines plus tard, le 29 novembre, l'expulsion du démon Balaam fut elle aussi accompagnée d'un signe : le nom de Joseph apparut sur le dos de la main gauche de mère Jeanne des Anges. Au cours de l'exorcisme, Surin, qui tenait dans sa main le ciboire contenant le saint sacrement, avait ordonné à Balaam « de quitter la mère et d'écrire le nom de Joseph sur sa main ». Un noble anglican, lord Montaigu, deux autres gentilshommes et quelques

---

1. M. Carmona, *Les Diables de Loudun*, p. 289.

ecclésiastiques présents « virent clairement et distinctement le saint nom de Joseph paraître formé en caractères sanglants sur la main qu'ils avaient vu blanche auparavant [...]. Tous ceux qui étaient présents en donnèrent par écrit un témoignage qui fut déposé au greffe[1] ». À la suite de cet événement, lord Montaigu se convertit à la foi catholique ; puis il entra dans l'ordre bénédictin, fut ordonné prêtre et devint père abbé du monastère de Nanteuil, dans le diocèse de Metz.

Le 6 janvier 1636, en la fête de l'Épiphanie, Isacaaron, le démon de l'impudicité et de la luxure, fut expulsé. Cette expulsion se fit par l'intercession de la Vierge Marie et comme une démonstration de sa puissance. Jeanne des Anges avait été conduite devant l'autel de la Vierge Marie. Le démon en elle multiplia les blasphèmes : « Maudite soit Marie et le fruit de son ventre ! » Surin avait commandé à ce démon de faire

> réparation de ses horribles blasphèmes. Je lui commandai même de se vautrer par terre comme le serpent dont elle a écrasé la tête, et de lécher le pavé de la chapelle, ce qu'il fit avec un air plein de furie. Je pris le Saint Sacrement à la main, je l'obligeai de lui faire amende honorable et de dire en l'honneur de la Sainte Vierge des paroles qui réparassent les outrages qu'il avait faits. Il dit alors d'une voix précipitée et qui venait de la poitrine de la mère, en se pliant le corps : « Reine du ciel et de la terre, je demande pardon à Votre Majesté des blasphèmes que j'ai dits contre votre nom. Votre puissance me contraint de sortir à vos pieds. » Entendant ces mots, je dis aux assistants : « Il va sortir ! » Je lui commandai de nouveau d'écrire le nom de Marie. Alors il leva le bras gauche avec des cris et des hurlements, et quitta la Mère, laissant sur sa main gauche, à la vue de tout le monde, le saint nom Marie, en caractères romains. Ils étaient profonds dans la chair, au-dessus du nom de saint Joseph qui était d'un caractère plus petit. La mère étant revenue à elle, on chanta le *Te Deum* en action de grâces, pendant que l'on dressait l'acte pour le faire signer aux assistants[2].

---

1. J.-J. Surin, *Triomphe de l'amour divin*, p. 101.
2. *Ibid.*, p. 71-72.

## GUÉRIE PAR SAINT JOSEPH

Les troubles démoniaques dont le père Surin était atteint se poursuivant, ses supérieurs jugèrent plus prudent pour sa santé de le retirer de Loudun. En octobre 1636, il retourna à la maison de Bordeaux. Il resta dans une étrange maladie, marquée notamment par l'aphasie, pendant plusieurs années. Il rédigea le *Triomphe de l'amour divin sur les puissances de l'enfer* dont nous avons parlé et que nous avons cité.

Le père Antoine Ressès, jésuite lui aussi, le remplaça comme exorciste de mère Jeanne des Anges. Il reprit les exorcismes avec « grand zèle », dira Jeanne des Anges dans son *Autobiographie* :

> Il faisait les exorcismes avec beaucoup de vigueur, persuadé qu'il était que les peuples qui y assistaient en recevaient beaucoup d'avantages, étant témoins des respects que les démons portaient au Saint-Sacrement. Plusieurs grands pécheurs se convertirent à la vue de ces spectacles. Pour moi, j'en souffrais beaucoup, tant parce que ma faible santé y était intéressée et que cela interrompait la douceur du repos que je ressentais[1].

À partir de janvier 1637, mère Jeanne des Anges tomba malade, atteinte sans doute d'une pleurésie qui se compliqua d'autres maux. Fanton, un des médecins de Loudun, fut appelé plusieurs fois à son chevet. Le 7 février, il la jugea « en état d'extrêmité » et décida « qu'il ne fallait plus aucun remède ». Le confesseur de Jeanne des Anges jugea urgent de lui donner l'extrême-onction et de commencer les prières des agonisants. Alors que la prieure s'était assoupie, vers six heures et demie du soir, elle fut miraculeusement guérie, en présence de son ange gardien, par saint Joseph. Elle a longuement raconté cet épisode dans son *Autobiographie*[2]. Saint Joseph lui apparut « en forme et figure d'homme, ayant le visage plus resplendissant que le soleil, avec une grande chevelure ». Il « appliqua sa main sur mon côté droit où avait toujours été ma

1. Jeanne des Anges, *Autobiographie*, p. 189.
2. *Ibid.*, p. 196-199.

grande douleur, écrira-t-elle. Il me semble qu'il me fit une onction sur cette partie, après quoi je sentis revenir mes sens extérieurs et me trouvait entièrement guérie ».

Deux jours plus tard, la chemise qu'elle portait exhalait toujours « une admirable odeur ». En présence de la sous-prieure, elle coupa cette chemise à hauteur de la ceinture et, dira-t-elle, « nous trouvâmes cinq gouttes assez grosses de ce baume divin qui jetait une excellente odeur ». Ce morceau de chemise et les cinq gouttes du baume miraculeux deviendront des reliques offertes à la « dévotion du peuple » et seront à l'origine de nombreux miracles.

Le père Ressès continua ses exorcismes. Il restait un dernier démon à chasser, Béhémoth. Le 7 mars, au cours d'un nouvel exorcisme, Béhémoth déclara qu'il ne sortirait du corps de la possédée que lorsqu'elle ferait un pèlerinage au tombeau de François de Sales à Annecy et que, en signe de sa sortie, le nom de François de Sales serait tracé sur la main gauche de la prieure où figuraient déjà les noms de Joseph et de Marie. Puis, le 19 mars, il demanda à être chassé par le père Surin.

Les supérieurs du père Surin hésitèrent à cause de son état de santé et le préposé général de la Compagnie à Rome, le père Muzio Vitelleschi, s'inquiétait de savoir s'il marchait toujours « dans la voie royale », c'est-à-dire s'il restait fidèle à l'esprit de saint Ignace de Loyola.

## RETOUR À LOUDUN

Finalement, le père Surin fut autorisé, en juin 1637, à revenir à Loudun. Il y séjourna jusqu'en novembre. Ses supérieurs comptaient bien qu'il réussisse à libérer mère Jeanne des Anges de son dernier démon et qu'ainsi les exorcismes puissent cesser.

Le 9 juillet, le père Muzio Vitelleschi écrivait au provincial jésuite d'Aquitaine pour s'inquiéter des dévotions nouvelles qui entouraient la mère Jeanne des Anges et du crédit que lui accordaient les pères jésuites présents à Loudun :

> On dit que les Pères de Loudun offrent la main de la prieure aux baisers de tout le monde à cause des noms bienheureux qu'y aurait sculptés le diable, qu'ils font toucher du coton, du papier et semblables objets à un onguent attribué à saint Joseph ; que malgré l'avis contraire des gens compétents, ils les distribuent comme d'authentiques reliques ; qu'ils répandent dans le public, de leur propre autorité, les miracles accomplis par ces reliques dont nous apprenons pourtant qu'elles sont la source de bien des maux[1].

Il demandait au recteur de la maison jésuite de Poitiers de faire cesser « tant de faits aberrants ». Il souhaitait aussi que les exorcismes qui continuaient à être menés le soient plus discrètement et plus sobrement et « que les nôtres se dégagent au plus vite de cette affaire » : « Qu'ils remplissent leur tâche, non plus en public, mais à l'intérieur de la maison, comme je l'ai écrit récemment à Votre Révérence ; qu'ils n'interrogent le démon que sur les points nécessaires, en vue de son expulsion ; qu'ils ne prolongent pas éternellement une occupation qui n'a que trop duré. » En effet, les exorcismes se pratiquaient depuis cinq ans.

La prétention de Béhémoth à ne vouloir sortir du corps de Jeanne des Anges que sur le tombeau de saint François de Sales semblait extravagante aux autorités, aussi bien à Laubardemont qu'à l'évêque de Poitiers et au provincial des jésuites d'Aquitaine. Au cours d'un nouvel exorcisme, Béhémoth déclara qu'il sortirait à Loudun, mais à la condition que la prieure fasse le vœu d'aller ensuite rendre grâce à saint François de Sales sur son tombeau. La condition parut plus acceptable.

Le 17 septembre, mère Jeanne des Anges fit ce vœu. Le père Surin voulait que cet exorcisme final ne fût pas un énième spectacle. Il souhaitait qu'il fût l'aboutissement d'une démarche spirituelle, que la prieure s'y préparât. Il lui fit faire une retraite selon les exercices spirituels de saint Ignace de Loyola qui commença le 10 octobre. Jeanne des Anges dira plus tard : « Dans les derniers Exercices que le bon Père me fit, il ne me donna aucun sujet. Il voulut que je me présentasse devant Dieu en simplicité pour

1. Lettre citée par M. de Certeau, *La Possession de Loudun*, p. 311.

recevoir ou souffrir ce qui lui plairait… Je trouvai grande liberté d'esprit dans cette manière de procéder[1]. »

Au sixième jour de cette retraite, le 15 octobre 1637, en la fête de sainte Thérèse d'Avila, Jeanne des Anges fut définitivement délivrée du démon. Le septième et dernier démon qui la possédait, Béhémoth, fut expulsé. Ce ne fut pas au cours d'un exorcisme, mais au cours de la messe, au moment de la communion :

> Comme il [le père Surin] tenait la sainte hostie à la main, disant : *Corpus Domini nostri Jesu Christi*, la Mère [Jeanne des Anges], contre son ordinaire (car elle était à la communion presque toujours tranquille), entra en une furieuse contorsion, changea de visage, se pliant et se courbant jusqu'aux talons, et haussa la main gauche vers le Père qui, se rendant attentif, vit manifestement au-dessus des noms de Maria, Joseph, se former, en beaux caractères vermeils et sanglants, le nom de Jésus, et comme sa main était tellement tournée que le pouce était à l'opposé de lui, il ne put voir former le nom de François de Sales. Le Diable sortit à ce moment et la laissa libre. Elle se remit à la posture d'une personne qui, étant à genoux, attend la communion, qu'elle reçut avec amour et consolations, Notre-Seigneur prenant la place de son ennemi, et depuis en toute sa vie, elle n'a plus rien senti des opérations ordinaires des diables, demeurant absolument quitte de cette maladie qui est une des plus horribles et des plus dignes de compassion qui soient au monde[2].

Les noms de Jésus et de François de Sales se sont donc ajoutés à ceux de Marie et de Joseph déjà tracés sur la main gauche de mère Jeanne des Anges. Ces stigmates seront visibles de façon intermittente quasiment jusqu'à la fin de sa vie. Ils se présenteront comme des croûtes qui s'assèchent et finissent par tomber, mais qui « se renouvellent de temps en temps », lors des grandes fêtes ou lorsqu'elle reçoit des grâces extraordinaires.

La prieure écrira dans son *Autobiographie* :

---

1. Lettre de Jeanne des Anges à Guy Lanier, grand vicaire de l'évêque d'Angers, le 6 juillet 1639, citée par M. de Certeau, *La Possession de Loudun*, p. 312.
2. J.-J. Surin, *Le Triomphe de l'amour divin*, p. 114-115.

> Ils s'effacent peu à peu, et, les jours qu'ils sont renouvelés, ils deviennent vermeils et transparents. [...] cela arrive ordinairement la veille des grandes fêtes ou la nuit, lorsque je suis en oraison ou le jour de la fête lorsque je communie [...] à l'extérieur l'opération est fort douce. Je sens pour lors un fourmillement, en la main, très délicat [...]. Il arrive quelquefois que, du renouvellement de ces caractères, il se répand des odeurs très suaves qui se répandent dans le chœur de notre église et quelque fois dans toute la maison[1].

Le préposé général des jésuites autorisa le père Surin à se rendre avec Jeanne des Anges en pèlerinage sur la tombe de saint François de Sales. Mais ils ne feront pas voyage ensemble, la prieure des ursulines ayant prévu de nombreuses étapes, notamment à Paris. Ils ne se retrouveront qu'à Lyon. Elle accomplit ce voyage triomphal à travers la France en 1638. Il dura plus de quatre mois. Elle l'a raconté longuement dans son *Autobiographie*[2]. Le 26 avril, elle quitta Loudun, accompagnée de deux autres religieuses et du confesseur du couvent. Elle s'arrêta d'abord à Tours. Elle logea au couvent des ursulines et fut reçue à l'archevêché où Mgr Bertrand de Chaux avait convié d'autres ecclésiastiques et « plusieurs personnes de qualité » parmi lesquelles l'évêque de Boulogne : « Tous admirèrent les noms imprimés sur ma main [...]. Le bruit de l'impression de ces noms s'étant répandu par toute la ville, le peuple accourut en foule pour les voir, en sorte qu'il vint par jour quatre à cinq mille personnes pour les visiter. » À Tours, aussi, Gaston d'Orléans, frère du roi, vint la visiter. Le voyage se poursuivit jusqu'à Paris, avec des haltes à Amboise, à Blois, à Orléans, où les mêmes scènes de vénération de la main stigmatisée se reproduisirent.

Arrivée à Paris le 11 mai, elle logea dans l'hôtel particulier du baron de Laubardemont. Elle reçut de nombreuses visites de prêtres, de religieux, de théologiens, de membres de la noblesse. Elle fut reçue par l'archevêque de Paris qui lui assura : « Il ne faut pas cacher ce qui est à la gloire de Dieu. » Puis elle rendit visite à

1. Jeanne des Anges, *Autobiographie*, p. 206-207.
2. *Ibid.*, p. 208-254.

Richelieu en son château de Rueil, puis à la reine Anne d'Autriche à Saint-Germain-en-Laye le 29 mai, où le roi vint aussi la voir. Il conversa avec elle pendant une heure, admira lui aussi les stigmates sacrés et affirmera ensuite : « Ma croyance est fortifiée. » Le nonce du pape à Paris, après avoir vu les noms sacrés sur la main de la prieure, considérera, lui aussi, qu'ils sont une preuve de la vérité de la foi catholique : « Il dit, l'ayant considérée attentivement, que c'était une des plus belles choses qu'on eût jamais vues en l'Église de Dieu ; qu'il en avait écrit au pape ; qu'il s'étonnait que les huguenots demeurassent dans leur aveuglement, après une preuve si sensible des vérités qu'ils combattent. » À la demande de Laubardemont, deux chirurgiens examinèrent la main de Jeanne des Anges et en conclurent que les noms tracés sur sa main ne pouvaient avoir été procurés de façon naturelle, ni se maintenir si longtemps par un artifice. Le rapport qu'ils rédigèrent fut remis au chancelier Séguier.

Le 20 juin, mère Jeanne des Anges quitta Paris pour Annecy, selon un itinéraire que lui avait conseillé le roi lui-même : Melun, Montargis, Moulins, Nevers, Lyon, Grenoble, Chambéry. À Lyon, le père Surin la rejoignit et désormais ils firent route ensemble. Arrivés à Annecy le 11 juillet, ils se rendirent aussitôt sur le tombeau de saint François de Sales, qui se trouve dans le couvent des visitandines. Ils commencèrent leur neuvaine le lendemain. Sainte Jeanne de Chantal, la cofondatrice de l'ordre de la Visitation avec saint François de Sales, louera bientôt « les bonnes qualités que Dieu a mises en la bonne Mère. À la vérité, je crois que c'est une âme de grâce, humble et facile et toutefois solide », et elle attestera : « Nous avons vu renouveler les sacrés et saints Noms qui sont imprimés sur sa main »[1].

De retour à Loudun en septembre 1638, mère Jeanne des Anges ne quittera plus son couvent. À partir d'octobre 1643, un grand spirituel jésuite, le père de Saint-Jure, accepte de la diriger

1. Lettre de Jeanne de Chantal au commandeur de Sillery, le 18 juillet 1638, dans sainte Jeanne de Chantal, *Correspondance*, t. V, Paris, Éd. du Cerf-Cefi, 1993, p. 590.

spirituellement. Il ne la rencontrera jamais, sa direction spirituelle s'accomplissant par des échanges de lettres. À partir de 1644, elle commença à rédiger son *Autobiographie*, qui ne sera publiée qu'en 1886 à l'initiative de disciples du docteur Charcot qui virent là un exemple exceptionnel d'hystérie mystique.

Au début de l'année 1657, le père Surin, qui résidait à Bordeaux, sortit de ses « angoisses du passé ». Il écrivait et parlait à nouveau et put reprendre la direction spirituelle. À la mort de Saint-Jure, en avril de cette même année, il accepta de devenir le directeur spirituel de Jeanne des Anges. Il accomplira ce ministère, par correspondance, pendant huit ans, jusqu'à la mort de la prieure. Quelque 125 lettres du père Surin à Jeanne des Anges ont été conservées. Elles témoignent d'une solide doctrine spirituelle que le père Surin a exposée plus longuement dans ses ouvrages[1].

Mère Jeanne des Anges avait, depuis plusieurs années, des « apparitions » étranges de défunts et surtout de nombreuses apparitions de son ange gardien qu'elle interrogeait et qui lui répondait. Le père Surin l'incita à la prudence[2] puis lui fit « quelques reproches » : « Vous tenez comme une boutique à savoir de votre saint Ange toutes choses qu'on vous presse de lui demander et vous avez comme un bureau pour savoir ce qu'il faut faire, touchant les mariages, les procès et autres choses de cette sorte[3]. » Finalement, il lui recommandera la modération et la sobriété, lui demandant de préférer « la volonté de Dieu » à la « jouissance » dans le « don surnaturel de Dieu ». Il lui écrivait significativement :

> Je vous prie de mettre le fondement de la vraie vie spirituelle en la sincérité du cœur. J'entends dire tant de choses de vous, et qu'il y a en votre fait tant de subtilités et de finesses qu'il est malaisé de trouver

1. Rédigés à partir de 1654 : *Catéchisme spirituel, Dialogues spirituels, Contrats spirituels, Cantiques spirituels, Poésies spirituelles, Guilde spirituelle pour la perfection, Discours justificatif ces choses mystiques, La Science expérimentale des choses de l'autre vie* et *Questions importantes de la vie spirituelle.*
2. Lettre du père Surin à Jeanne des Anges, le 15 avril 1658, dans *Correspondance*, p. 608-609.
3. Lettre du père Surin à Jeanne des Anges, le 22 janvier 1659, dans *Correspondance*, p. 713.

> en vous un esprit de vérité, tant de contradictions dans les révélations et communications surnaturelles qu'on est en peine d'y fonder un bon jugement et prendre pied en quelque bonne chose[1].

En 1662, en la fête de la Saint-Jean, les stigmates sur la main de mère Jeanne des Anges (Jésus, Marie, Joseph) se renouvelèrent pour la dernière fois et disparurent définitivement quelque temps après. Le 29 janvier 1665, elle mourait. Trois mois plus tard, dans la nuit du 21 au 22 avril, le père Surin mourait à Bordeaux. Ainsi disparaissaient, à peu de temps d'intervalle, les deux protagonistes – la possédée et l'exorciste – d'une des plus longues et compliquées affaires de possession du XVII^e^ siècle.

---

1. Lettre du père SURIN à Jeanne des Anges, le 18 août 1661, dans *Correspondance*, p. 1205.

CHAPITRE 9

# JOHANN JOSEPH GASSNER, L'EXORCISTE GUÉRISSEUR (1727-1779)

Johann Joseph Gassner fut, dans les années 1770, un des hommes les plus célèbres d'Autriche et d'Allemagne. Son portrait, imprimé sur de petites images en papier, était répandu jusque dans les villages les plus reculés. Dans ces années, plus de 150 ouvrages, favorables ou hostiles, furent consacrés à ce prêtre dont les séances d'exorcisme attiraient les foules[1].

Il est né le 22 août 1727 à Innerbraz, en Autriche, dans le Vorarlberg, pays de hautes montagnes. Il était le fils cadet de Joseph Gassner, un entrepreneur en bâtiments aisé, et d'Agnès Grassin. Grâce à son oncle qui était administrateur des tabacs à Prague, il a pu faire ses études au collège des Jésuites de cette ville. Il les poursuivra à l'université jésuite d'Innsbruck. Il ne semble pas y avoir obtenu de diplôme supérieur. Il fut ordonné prêtre pour le diocèse de Chur (Coire en français) en 1750. Coire étant aujourd'hui le chef-lieu du canton des Grisons, des notices biographiques ont présenté Gassner comme un « prêtre suisse », ayant exercé son ministère « dans le pays des Grisons ». En fait, le diocèse de Coire était au XVIII^e siècle très étendu, couvrant un territoire qui

---

1. Liste établie par H. C. E. Midelfort, *Exorcism and Enlightenment. Johann Joseph Gassner and the Demons of Eighteenth-Century Germany*, Yale, Yale University Press, 2005, p. 22.

débordait de la Suisse et s'étendait à l'est de l'Autriche et au nord de l'Italie. Gassner était Autrichien et exerça la plus grande partie de son ministère dans son Vorarlberg natal.

En 1751, il fut nommé vicaire à Dalaas, à quelques kilomètres de son village de naissance. Il y resta jusqu'en 1758. Dès les premiers temps de son ministère, il a connu des ennuis de santé chroniques : des maux de tête, des évanouissements, des vertiges, des fatigues soudaines. Ces symptômes survenaient particulièrement quand il devait dire la messe ou prêcher. Au fil des années, il a essayé différents remèdes naturels et il a consulté plusieurs médecins, sans réussir à faire disparaître définitivement les maux qui le tourmentaient régulièrement. En 1758 il fut nommé curé de Klösterle, à quelques kilomètres de Dalaas. C'est l'année suivante qu'il fut définitivement soulagé.

## LE SAINT NOM DE JÉSUS

Tous les remèdes naturels qu'il avait employés s'étant avérés inefficaces, et considérant que ses maux survenaient toujours lorsqu'il allait célébrer la messe ou prêcher, l'abbé Gassner en conclut qu'ils n'étaient pas d'origine naturelle et devaient être attribués à une action du démon. Il invoqua le « Saint Nom de Jésus » contre le diable et fut guéri.

Parce qu'il l'avait expérimenté sur lui avec succès, il fut convaincu que d'autres personnes pouvaient être guéries par l'invocation du Nom de Jésus. Les premières guérisons que Gassner a opérées dans son village et dans les environs vont attirer à Klösterle des dizaines, puis des centaines de malades ou d'infirmes. Gassner a été autant guérisseur qu'exorciste. Expérimentalement, il a été amené à distinguer trois types de maladies. D'une part, les maladies ou infirmités qui ont une origine naturelle et peuvent être guéries par la médecine. D'autre part, celles qui ont pour origine le démon et peuvent être guéries par l'invocation du Nom de Jésus et l'exorcisme. D'autres encore qui sont mixtes : elles ont une origine naturelle mais sont aggravées par l'action du diable.

Pour décrire l'action du diable dans l'être humain, Gassner distingue de façon classique l'*obsessio* (l'obsession, qui est selon lui, l'effet de la sorcellerie) et la *possessio* (possession), mais il utilise aussi le terme *circumsessio*, qu'on pourrait traduire par « harcèlement » ou « siège ». Ce terme, même s'il n'est plus d'usage courant au XVIII^e^ siècle, est employé dès les premiers temps de l'Église pour décrire une action persistante et répétée du diable contre une personne, action qui « ressemble à un véritable assaut[1] ».

Gassner expliquera plus tard dans un livre que la véritable possession démoniaque est rare et que la *circumsessio* est plus fréquente. Il la définissait comme l'imitation par le démon d'une maladie naturelle.

Pour savoir si la personne qui se présentait devant lui était atteinte d'une maladie naturelle ou d'une maladie ou d'un trouble d'origine diabolique, Gassner lui posait deux ou trois questions générales puis il pratiquait ce qu'il appelait parfois un « exorcisme probatoire » *(exorcismus probativus)* : il ordonnait en latin au diable « d'opérer sur le patient les symptômes de la maladie par laquelle il avait coutume de le tourmenter. Si aucun signe extraordinaire ne se manifestait, la maladie était déclarée naturelle ; et l'on passait à un autre[2] ».

Il y avait donc plusieurs phases dans les exorcismes qu'il pratiquait. D'abord, l'« exorcisme probatoire », déjà cité, que Gassner appelait aussi les *Praecepta*, c'est-à-dire des « admonitions » au démon de se manifester. Puis, au cours de la séance, pouvait avoir lieu l'*exorcismus lenitivus*, qui adoucissait les douleurs internes provoquées par les opérations de l'exorciste ; enfin, avait lieu l'*exorcismus expulsivus* où le démon était chassé de manière définitive, ce que Gassner appelait aussi la *Benedictio*. On va le voir, il sera reproché à Gassner de ne pas suivre le Rituel en vigueur, celui de 1614. Mais il est assuré qu'il s'en est tenu aux moyens traditionnels : un

1. A. NICOLOTTI, *Esorcismo cristiano e possessione diabolici tra II et III secolo*, p. 31.
2. « Gassner (Jean-Joseph) », dans *Biographie universelle, ancienne et moderne*, t. XVI, Louis-Gabriel Michaud, 1816, p. 539.

crucifix, une étole et de l'eau bénite. Et le cœur de l'exorcisme qu'il pratiquait était l'invocation du Saint Nom de Jésus.

## DES CENTAINES DE VISITEURS

Gassner a commencé à exorciser et à guérir les habitants de son village. Puis sa réputation a grandi et bientôt ce sont des malades venus de Bludenz, de Feldkirch, de la vallée du Montafon puis de l'est de la Suisse, du Tyrol et du Haut-Adige qui sont venus jusqu'à Klösterle. Certains voyageaient pendant plusieurs jours pour atteindre ce village perdu du Vorarlberg.

À partir de 1769, il a tenu un *Diarium*, où il notait le nom de ceux qui le visitaient, d'où ils venaient, la raison de leur venue et le résultat obtenu. Cette année-là, plus de 200 malades l'ont visité, atteints des maux les plus divers : épilepsie, problèmes cardiaques, fièvres, surdité, vomissements, lèpre, impuissance, etc. Un jour, on lui a même présenté un « mort » !

Les notices qu'il consacre à certains sont à la fois courtes, précises et honnêtes :

> Récemment une femme mariée est venue de Nassereith in Tyrol, souffrant d'épilepsie depuis plusieurs années. Elle a subi le « Prob » en présence de deux représentants du tribunal d'ici. Le résultat a été de l'aider dans la maladie susmentionnée.
> Christian Big de Wald se tordait dans des douleurs horribles ; il a été aidé par des bénédictions en présence de Monsieur l'architecte d'ici et il a été restauré dans une santé complète bien qu'auparavant la médecine ne lui avait fait aucun bien.
> Franz Riedinger de Bludenz était aveugle d'un œil et il a retrouvé une vue complète grâce aux *spiritualibus*[1].

Le « Prob » dont il est question ici est l'« exorcisme probatoire » que nous avons déjà évoqué. Les « bénédictions » et les *spiritualibus* sont l'exorcisme proprement dit. Les images et les témoignages

1. Cité dans H. C. E. Midelfort, *Exorcism and Enlightenment*, p. 61-62.

qui nous sont parvenus renseignent sur les gestes rituels que Gassner accomplissait en complément des prières et invocations qu'il faisait : des signes de croix, une imposition des mains sur la tête du malade, placer son étole sur les parties du corps ou les organes affectés.

Les centaines de malades qui affluaient dans ce village reculé du Vorarlberg, les guérisons qui s'y opéraient, inquiétèrent les autorités locales. En 1767, le baron von Sternach, bailli d'Innerbraz et des environs, dénonça Gassner et ses « pratiques superstitieuses » auprès du prince-évêque de Coire, Mgr von Federspiel. Celui-ci fit mener une enquête et décida de placer le curé de Klösterle sous sa protection.

En complément de son ministère paroissial, Gassner poursuivit donc son ministère d'exorciste-guérisseur. Durant l'année 1773, par exemple, il guérit 130 personnes (une cinquantaine d'hommes, quelque 80 femmes) venues de différentes régions d'Autriche et des pays voisins. Parmi ces 130 personnes guéries par les « bénédictions » et *spiritualibus* de l'abbé Gassner, six se disaient victimes de *maleficium* (maléfices), c'est-à-dire de maux provoqués par quelque sorcier, magicien ou jeteur de sorts.

## DANS LE DIOCÈSE DE CONSTANCE

En juin 1774, la comtesse Truchsess von Waldburg-Wolfegg, qui résidait à Wolfegg, alors dans le diocèse de Constance, commença à être guérie, semble-t-il, par une « bénédiction » que Gassner lui avait envoyée par lettre. Elle l'invita à venir exercer son ministère d'exorciste-guérisseur à Wolfegg et dans les environs. Le curé de Klösterle quitta donc sa paroisse pour aller soulager ou délivrer ceux qui ne pouvaient venir jusqu'à lui. Il le fit après avoir obtenu l'autorisation de l'évêque de Coire de confier sa paroisse pour quelques mois à un vicaire.

Les étapes de ce premier grand voyage dans le sud de l'Allemagne sont connues[1]. Il passa 14 jours à Wolfegg, puis 10 jours à Tettnang, et passa dans différents couvents et abbayes de la région. Puis il se rendit à Weingarten et Ravensbourg, enfin à l'abbaye cistercienne de Salem où, à l'invitation du père abbé Anselme II, il passa plus d'un mois, recevant de nombreux visiteurs. Dans l'été 1774, dans les différentes localités où il a résidé, il aurait reçu quelque 300 religieuses et 8 000 personnes[2]. Il faut dire « reçues » et non pas « exorcisées » ou « guéries », parce que, comme toujours, Gassner renvoyait sans les exorciser ceux qui étaient restés insensibles à l'« exorcisme probatoire », révélant ainsi qu'ils ne souffraient que d'une maladie d'origine naturelle.

L'évêque de Constance, le cardinal von Rodt, s'inquiéta de l'intérêt passionné que suscitait Gassner et de la réputation de guérisseur qu'on lui faisait. Il craignait qu'il s'agisse d'illusion ou de tromperie et que Gassner soutienne des doctrines erronées. En juillet 1774, il le convoqua dans sa résidence épiscopale de Meersburg et l'interrogea, essayant de comprendre ses pratiques. Une notice dira :

> Gassner fait la profession de foi la plus orthodoxe, assure qu'il n'a jamais eu la prétention de se donner pour un saint, ni pour un homme à miracles, et qu'il ne fait qu'user du pouvoir conféré par l'ordination à tous les prêtres et même aux simples exorcistes de chasser, *au nom de Jésus Christ*, les diables qui sont, dit-il, plus souvent qu'on ne pense, la cause de nos maladies[3].

Mais l'évêque de Constance restait sceptique. Il demanda à des « médecins expérimentés » et à des théologiens de l'examiner. Il constata que « beaucoup de choses ne se faisaient pas selon les préceptes de la Sainte Église et de la Sacrée Congrégation des

---

1. G. Pfeilschifter, « Des Exorzisten Gassner Tätigkeit in der Konstanzer Diözese im Jahre 1774 », *Historisches Jahrbuch im Auftrage der GörresGesellschaft*, n° 52, 1932, p. 401-441.
2. Chiffre donné par H. C. E. Midelfort, *Exorcism and Enlightment*, p. 14.
3. C. M. P., p. 538.

rites[1] ». Il demanda à Gassner de retourner dans sa cure de Klösterle. De retour dans sa paroisse, en septembre 1774, Gassner s'attacha à rédiger un petit livre pour exposer sa pensée sur le diable et les moyens de le combattre. L'ouvrage fut publié à l'automne 1774 sous le titre : *Weise fromm und gesund zu leben, auch ruhig und gottselig zu sterben, oder nützlicher Unterricht wider den Teufel zu straiten* (« La manière de vivre pieusement et en bonne santé, et comment mourir paisiblement et dans la grâce de Dieu ; ou Instruction utile sur la façon de lutter contre le Diable »). Le plan de ce petit livre était simple et se déroulait en trois questions : Le diable peut-il exercer une action nocive sur le corps de l'homme ? Sur qui a-t-il le plus de pouvoir ? Comment y remédier ?

Gassner expliquait que l'action du diable s'exerce à la fois sur le plan spirituel, sur le plan moral et sur le plan physique. Comme on l'a vu, il distinguait aussi trois niveaux dans l'action malfaisante du diable sur l'homme : la *circumsessio*, l'*obsessio* et la *possessio*, auxquels correspondaient trois types de malades ou de victimes : les *Angefochtenen* (les « attaqués »), les *Verzauberten* (les « obsédés ») et les *Besessenen* (les « possédés »).

Contrairement à ce que l'on pourrait croire, Gassner n'est pas obnubilé par la présence et l'action du diable. Il affirmait que les maladies n'ont pas toutes une cause naturelle, mais il contestait aussi que tout ce qui apparaît comme anormal vienne des *Zauberey* (magiciens) et des *Hexerey* (sorcières), même s'il ne niait pas leurs actions en certains cas. Comme le montre le titre de son livre, il a d'abord un souci pastoral : venir en aide aux âmes, les soulager physiquement et les délivrer des influences démoniques.

Le petit livre – il compte une cinquantaine de pages – connut une grande diffusion. Imprimé pour la première fois à l'automne 1774 à Kempten, une petite ville du sud de l'Allemagne, il connut, dans les mois et les années suivantes, onze autres éditions dans

1. Lettre du cardinal von Rodt au comte von Königsegg-Aulendorf, le 6 septembre 1774, publiée dans G. Pfeilschifter, « Des Exorsten Gassner Tätigkeit », p. 418-419.

différentes villes. Nombre d'entre elles contenaient un portrait de Gassner. Son visage était connu aussi par différentes petites images imprimées qui le montraient en train d'imposer les mains ou de chasser le démon et qui connurent une diffusion bien plus grande encore.

Le père Ferdinand Sterzinger, théatin, fut le premier critique de l'abbé Gassner. Membre de l'Académie des sciences de Bavière, dont il dirigeait la section histoire, il avait combattu les « superstitions » et les procès faits aux sorcières, jugeant qu'ils ne pouvaient que nuire à la religion. Dès octobre 1774, après la lecture du livre de Gassner, le père Sterzinger alerta le Conseil ecclésiastique de Bavière, présidé par le comte von Spreti, sur l'engouement que suscitait l'exorciste autrichien et sur le danger que représentait son livre. Aussitôt, l'ouvrage fut interdit de vente en Bavière.

## SOUS LA PROTECTION DE L'ÉVÊQUE DE RATISBONNE

En revanche, d'autres autorités ecclésiastiques considéraient avec intérêt et bienveillance le ministère exceptionnel de l'abbé Gassner. À l'automne 1774, Mgr Anton Ignaz von Fugger-Glött, qui était l'évêque de Regensburg (Ratisbonne en français) et aussi le prince-prévôt d'Ellwangen, entra en relation avec Gassner. Il l'invita à résider auprès de lui à Ellwangen. Il espérait son secours pour lui-même – il avait quasiment perdu l'usage de la vue – et pour les fidèles qui ne manqueraient pas de se présenter.

En novembre 1774, Gassner s'installa à Ellwangen, dans une maison que l'évêque Fugger mit à sa disposition. Il y passa près de huit mois. 20 000 personnes se seraient présentées à lui[1]. L'abbé Bourgeois, précepteur du prince de Dorsdorf, assista aux deux premiers exorcismes-guérisons. Il les a ainsi décrits :

> Les deux premières malades étaient deux religieuses qui avaient dû quitter leur couvent en raison de crises convulsives. Gassner ordonna à la première de s'agenouiller devant lui, s'enquit brièvement de son

1. G. Pfeilschifter, « Des Exorzisten Gassner Tätigkeit », p. 423.

nom, de sa maladie et lui demanda si elle acceptait tout de ce qui pourrait advenir sur son ordre. Elle accepta. Gassner prononça alors solennellement en latin : « Si une force surnaturelle est à l'œuvre dans cette maladie, je lui ordonne au nom de Jésus-Christ de se manifester immédiatement. » La malade fut aussitôt secouée de convulsions. Gassner y vit la preuve que ces convulsions étaient le fait d'un esprit mauvais et non d'une maladie naturelle. Il entreprit alors de montrer qu'il avait pouvoir sur ce démon à qui il ordonna en latin d'agiter de convulsions telle ou telle partie du corps de la malade ; il induisit aussi, tour à tour, chez la malade les manifestations extérieures de la douleur, de la stupidité, du scrupule, de la colère, etc. et même l'apparence de la mort. Tous ses ordres furent exécutés ponctuellement. Il semblait alors évident qu'il serait assez facile d'expulser un démon qui s'était rendu à ce point docile. C'est justement ce que Gassner fit aussitôt. Il procéda de même avec la seconde religieuse[1].

Certains jours, plus de 2 000 personnes venues des environs ou de plus loin se pressaient dans la petite ville avec l'espoir d'être reçues par Gassner ou, au moins, d'assister à ce que certains appelaient ses « opérations ». Le phénomène inquiéta les autorités. Le 1er décembre 1774, le prévôt de la cathédrale d'Augsbourg interdit par une lettre publique l'entrée de Gassner dans le diocèse et, à la fin du même mois, le prince-électeur de Bavière, Maximilien III Joseph, lui interdit l'entrée dans ses États et interdit qu'on publiât livres ou articles pour ou contre lui[2].

Ce même mois encore, le père Sterzinger, qu'on a déjà évoqué, vint à Ellwangen observer les pratiques de Gassner. Il en tira un livre très critique[3]. Il affirmait que les guérisons ou supposées guérisons obtenues par Gassner ne sont pas dues à l'expulsion du démon mais à la conjonction de différents facteurs. D'une part, une « force mystérieuse » qui émane de lui – « *eine Magnetische,*

1. H. F. Ellenberger, *Histoire de la découverte de l'inconscient*, Paris, Fayard, 1994 (1re éd. en anglais en 1970), p. 84.
2. H. C. E. Midelfort, *Exorcism and Enlightment*, p. 44 et 130.
3. *Die aufgedeckten Gassnerischen Wunderkuren. Aus authentischen Urkunden beleuchtet und durch Augenzeugen bewiesen* (« Les cures miraculeuses de Gassner découvertes. Éclairées par des documents authentiques et prouvées par des témoins oculaires »).

*Electrische, oder Sympathetische Kraft* » (« une force magnétique, électrique ou sympathique ») – et qu'il transmet par le toucher. D'autre part, un pouvoir de suggestion hors du commun : le père Sterzinger n'emploie pas le mot « hypnose » mais le suggère quand il parle du « regard rigide » *(« das starre Ansehen »)* de Gassner.

En mars 1775, un autre visiteur vint à Ellwangen, Bernhard Schleis von Löwenfeld, qui était le médecin personnel de la princesse palatine, Maria Franziska Dorothea von Pfalz-Sulzbach. Il venait en observateur, à la demande de la princesse. Ce qu'il vit des pratiques de Gassner et des résultats qu'il obtenait le convainquit de leur authenticité et il fit un rapport favorable à la princesse qui, bientôt, invitera Gassner.

En juin suivant, Mgr Fugger emmena Gassner à Ratisbonne, sa ville épiscopale. Il y résida près d'un an, provoquant la réaction des plus hautes autorités politiques et religieuses. À Ratisbonne, Mgr Fugger plaça l'abbé Gassner sous sa protection, le nommant chapelain de sa cour épiscopale et lui donnant le titre de conseiller ecclésiastique. En même temps, il créa une commission, composée de prêtres, de médecins et de notaires, qui assistaient aux séances de guérison-exorcisme et dressaient des procès-verbaux de ce qui se passait. On sait qu'en quatre mois, de juin à septembre 1775, 1 268 personnes se sont présentées à lui. Sur ce nombre, 836 ont été renvoyées, Gassner estimant leurs maladies ou leurs maux d'origine naturelle, et 432 ont été traitées ou guéries.

Dans cette période, quatre professeurs de l'université d'Ingolstadt se rendirent à Ratisbonne pour observer les « opérations » de Gassner. Chacun appartenait à une faculté différente : philosophie, théologie, médecine et droit. Pendant deux jours, les 26 et 27 mai 1775, ils assistèrent aux séances menées, en public, par Gassner, et interrogèrent témoins et personnes guéries. Puis, en date du 27 août, ils rédigèrent une déclaration qui affirmait la réalité des possessions diaboliques et l'efficacité des exorcismes de Gassner.

Mais Gassner, dont la bonne foi et le désintéressement ne peuvent être mis en doute – il refusait tout paiement pour ses exorcismes –, ne renonçait pas au spectaculaire. Non seulement il admettait le public à ses séances d'exorcisme, mais il se laissait aller parfois à multiplier les démonstrations :

> Pour convaincre les esprits forts, Gassner en vint à prolonger outre mesure ses exorcismes probatoires, pendant plusieurs heures, interrogeant en latin les gens du peuple ou les enfants, et s'attachant surtout à ordonner au diable de produire, à son commandement, les variations les plus extrêmes et les plus subites dans le pouls du malade ; ordonnant à la fièvre de ne se manifester qu'à une main, de passer de l'une à l'autre, de là au pied, etc. Les médecins qui tenaient le poignet du patient, étaient stupéfaits de ces effets singuliers dont ils ne pouvaient rendre raison[1].

Fin septembre 1775, Gassner quitta Ratisbonne pour répondre à l'invitation de la princesse palatine qui l'avait invité à Sulzbach, en Sarre, à quelque 400 kilomètres de là. Il y résida du 21 septembre au 4 octobre 1775 et guérit 351 personnes. Pour beaucoup d'entre elles, un procès-verbal a été dressé. Un livre sera bientôt publié sur les « opérations les plus remarquables » *(merkwürdigsten Operationen)* qui se sont produites à Sulzbach[2]. À lire ces comptes rendus, peu des maladies ou de maux guéris semblent pouvoir être attribués à une origine diabolique, ou alors dans un mixte difficile à discerner. Ainsi, une certaine Maria Anna von Schezzer s'est présentée à Gassner, souffrant tout à la fois d'« anxiété, faiblesse, maux de tête et maux de dents ». L'exorciste « a aussitôt ordonné à un "vent" démoniaque de gonfler dans sa poitrine, et tout son corps a commencé à trembler de "mouvements hystériques" jusqu'à ce qu'elle puisse à peine respirer. Avec le commandement *Cesset ista Agitatio*, elle se calma immédiatement. Puis il a évoqué le mal de tête seul, et elle est tombée inconsciente, mais avec le commandement : *Iterum bene se habeat*, elle est revenue à elle-même ». Puis, à un nouveau commandement de Gassner – « Vous devez vous en débarrasser d'un coup » –, elle dut affronter

1. « Gassner (Jean-Joseph) », dans *Biographie universelle, ancienne et moderne*, p. 539.
2. *Verzeichniß der merkwürdigsten Operationen, welche im Jahre 1775 zu Sulzbach*, Francfort, 1779.

successivement tous ses maux, et « elle a repoussé chaque attaque avec courage et persévérance ». Puis elle est partie pleine de consolation. L'historien ne peut que s'interroger : « Que s'était-il passé ? Qu'avait-elle appris[1] ? »

De retour à Ratisbonne à la mi-novembre 1775, Gassner continua ses « opérations » toujours aussi spectaculaires :

> D'après les ordres que Gassner intimait au démon, on voyait des hommes, des femmes, et surtout de jeunes personnes entrer dans des convulsions et des agitations de tous leurs membres, ou donner des scènes les plus extravagantes. On remarquait dans tous l'aliénation des sens et de la raison.
>
> Les uns, dans leur accès de folie, s'agitaient et se tourmentaient en tous sens, faisaient des sauts et s'élevaient en l'air, de manière à effrayer les spectateurs du danger qu'ils semblaient courir. Les autres entraient tout à coup dans des rires convulsifs, jouant toutes les scènes de bouffonneries et d'extravagances que l'on ne voit que dans des maniaques et des insensés ; tandis que l'on apercevait à côté de ces énergumènes, d'autres malheureux tomber dans des accès d'une noire mélancolie, tantôt versant des pleurs abondants, tantôt poussant des gémissements et des cris de désespoir, donnant tous les signes d'une douleur profonde. [...] Pour prouver l'influence du démon sur les facultés intellectuelles et morales de l'homme, Gassner ordonnait à cet esprit infernal, d'exciter tout à tour dans l'âme de ses malades les différentes passions dont l'homme n'est que trop souvent tourmenté, la colère, la haine, la jalousie, l'ambition, l'envie, et même cette funeste passion qui a tant versé de maux sur l'Univers, et dont le nom seul blesse la pudeur délicate. Le malade, privé de l'usage de sa liberté et de sa raison, et purement passif sous l'empire de l'esprit qui l'agitait, manifestait par des mouvements extraordinaires, par ses gestes et ses discours, chacune des passions dont il se trouvait obsédé[2].

Gassner a trouvé dans le père Aloys Merz un ardent défenseur. Il avait appartenu à la Compagnie de Jésus jusqu'à sa dissolution.

---

1. H. C. E. Midelfort, *Exorcism and Enlightment*, p. 80.
2. *Notice sur le prêtre Gassner, et les faits merveilleux qu'on lui attribue*, dans *Choix des lettres édifiantes*, Paris, Chez Maradan, 1808, p. 303-304.

Il était prédicateur à la cathédrale de Ratisbonne, avec le titre officiel de *Kontroversprediger*. Il publiera dix ouvrages pour défendre Gassner. Le premier, paru en 1775, s'intitulait *Preuve solide que les moyens par lesquels Gassner guérit les maladies sont en accord avec les principes des Évangiles et les opinions de l'Église primitive*. Il rappelait que le diable est omniprésent dans la vie de Jésus, que le Christ a confié à ses apôtres et à ses disciples la mission de chasser les démons en son nom. Il affirmait aussi que la méthode de Gassner était, en principe, identique à celle en usage dans les premiers siècles de l'Église.

## DES MISES EN GARDE ÉPISCOPALES

La renommée de Gassner s'était répandue dans tout le Saint Empire, que ce soit par les nombreuses éditions de son livre, les diverses images de lui qui circulaient et les ouvrages, favorables ou hostiles, qui se multipliaient. C'est parce que plusieurs prêtres de son diocèse commençaient à imiter Gassner et entreprenaient de guérir des fidèles en invoquant le Nom de Jésus que Mgr Anton Peter Przichowsky von Przichowitz, archevêque de Prague, publia une longue lettre pastorale pour mettre en garde contre lui. Cette lettre pastorale, datée du 6 décembre 1775, est longue – elle compte vingt et une pages –, solidement argumentée et a été publiée dans différentes revues[1]. Il ne citait jamais le nom de Gassner, mais faisait clairement référence à sa méthode *(Angerandten Methode)* et à l'*exorcismus probativus*. Les arguments de l'archevêque de Prague contre Gassner étaient d'ordre doctrinal et d'ordre disciplinaire.

Sur le plan doctrinal, l'archevêque de Prague contestait que l'invocation du saint Nom de Jésus soit réservée pour guérir les maladies non naturelles : il affirmait qu'elle pouvait être utilisée dans toutes les circonstances de la vie et qu'elle apportait toujours

1. On se réfère ici à l'édition parue dans les *Acta historico-ecclesiastica nostri temporis*, XIX, 1776, p. 315-336.

un secours. Il relevait aussi comme une erreur d'affirmer que le manque de foi pouvait être un obstacle à la guérison par exorcisme.

Sur le plan disciplinaire, l'archevêque de Prague rappelait, d'après une instruction du Saint-Office en date du 8 juillet 1710, que « personne ne peut pratiquer l'exorcisme sans l'autorisation de son évêque ». Il rappelait aussi que seul le Rituel romain de 1614 devait être utilisé et suivi scrupuleusement, ou un Rituel officiellement approuvé par l'autorité diocésaine.

Un mois plus tard, le 5 janvier 1776, Mgr Colloredo von Wallsee und Mels, archevêque de Salzbourg, publiait à son tour une lettre contre Gassner, lui aussi sans citer son nom[1]. Colloredo était

> l'un des plus illustres représentants d'un mouvement que l'on a appelé « l'*Aufklärung* catholique » [...]. Il estime que les gens « raisonnables » ne se satisferont pas longtemps d'une religion trop centrée sur l'accomplissement des gestes, alors que la réflexion y tient une place insuffisante. Dès lors, si Colloredo entend purifier certaines pratiques de piété, c'est, comme il le dira plus tard, pour rendre la religion acceptable par des esprits éclairés[2].

Les exorcismes spectaculaires pratiqués par Gassner, au milieu d'une foule de curieux, et les guérisons accomplies au « saint Nom de Jésus » lui paraissaient relever d'un âge superstitieux de la religion. Il protestait notamment contre le recours à l'*exorcismus probativus* qui a été « souvent condamné » et qui, selon lui, ne faisait qu'ajouter aux souffrances de ceux qui venaient demander du secours.

## LES INTERVENTIONS DE L'EMPEREUR ET DU PAPE

Ces deux interventions épiscopales suivaient de peu une intervention de l'empereur Joseph II. En novembre 1775, il adressa un

1. *Acta historico-ecclesiastica nostri temporis*, XIX, 1776, p. 337-350.
2. Ph. Greiner, « Mozart et l'archevêque de Salzbourg : les voies d'une incompréhension », *Transversalités*, n° 107, 2008, p. 134.

rescrit à l'évêque de Ratisbonne lui demandant de mettre fin aux séances d'exorcisme « qui suscitent tant de troubles » et ordonnant que Gassner quitte la ville. Mgr Fugger temporisa en s'adressant à l'archevêque de Vienne, demandant son intervention auprès de l'empereur. Ce fut sans résultat. Le 20 mars 1776, Gassner devait quitter Ratisbonne. Mgr Fugger continuait néanmoins à le protéger et il le nomma curé-doyen de la paroisse de Pondorf, à une cinquantaine de kilomètres de Ratisbonne.

Un mois plus tard, le pape Pie VI intervint dans le débat. Il avait eu connaissance du cas Gassner à l'été 1775, mais il n'était pas intervenu à l'époque. Ce fut lorsque Mgr Fugger, évêque de Ratisbonne, l'interrogea sur le ministère exceptionnel de son protégé, que le pape s'exprima. Il le fit dans une lettre à l'évêque de Ratisbonne, en date du 20 avril 1776[1]. Pie VI reconnaissait bien sûr la légitimité des exorcismes qui ont été de tout temps en usage dans l'Église, mais il rappelait qu'ils ne peuvent pas être administrés de façon si publique et spectaculaire. Par ailleurs, dans ce ministère, il fallait s'en tenir au Rituel romain. Pie VI reprochait aussi à Gassner d'avoir une conception fausse de l'action du démon en lui attribuant l'origine de nombreuses maladies. Il demandait que Gassner cesse ses exorcismes pratiqués en public et en grand nombre, l'autorisant néanmoins à exercer ce ministère de façon exceptionnelle, en secret, pour des cas avérés de possession démoniaque, et en s'en tenant strictement au Rituel romain.

Oswald Loschert, père abbé de l'abbaye prémontrée d'Oberzell, docteur en théologie, publia en 1776 quatre *Lettres d'un théologien (Senschreiben eines Gottesgelehrten)* pour défendre Gassner. À propos de la lettre de Pie VI, il jugeait qu'il ne s'agissait pas d'une condamnation de Gassner, puisqu'il était toujours autorisé à pratiquer des exorcismes, mais d'une intervention pour mettre fin à des pratiques jugées non conformes à la discipline de l'Église en la matière. Il faisait remarquer aussi que Gassner ne traitait que

1. « Gassner (Jean-Joseph) », *Dictionnaire encyclopédique de la théologie catholique*, IX, 1864, p. 293, et E. Midelford, *Exorcism and Enlightment*, p. 51.

rarement des possédés en tant que tels, mais plutôt des fidèles tourmentés par le démon et rendus malades par lui.

On signalera encore l'intervention de l'impératrice Marie-Thérèse d'Autriche, la mère de Joseph II. Souveraine « éclairée », elle avait fait interdire les procès pour sorcellerie en 1766. Lorsqu'elle eut connaissance des séances spectaculaires d'exorcisme de l'abbé Gassner, elle demanda à Anton de Haen, professeur à la faculté de médecine de Vienne, d'étudier ce dossier. De Haen se fit envoyer par l'évêque de Ratisbonne la copie authentifiée d'une cinquantaine de procès-verbaux des guérisons de Gassner. Il interrogea également des témoins. De Haen avait pu examiner des possédées à Vienne et il en avait conclu qu'il ne s'agissait que de maladies nerveuses.

En 1776, il publia à Francfort et à Leipzig un livre, *De miraculis liber*, où il exposait ses conclusions sur le cas Gassner. Se fondant sur les procès-verbaux qu'il avait lus et sur le témoignage des personnes qu'il avait interrogées, il estimait qu'il s'agissait de guérisons aléatoires et souvent non durables, où la suggestibilité tenait une grande part. À la fin de son ouvrage, il conclut que les prodiges *(portenta opera)* observés lors des « exorcismes probatoires » doivent être « attribués au diable *[opera diaboli]* parce qu'ils ne peuvent être attribués à Dieu ou à des pouvoirs naturels ».

Gassner gardait néanmoins des partisans, y compris parmi le clergé. En octobre 1777, l'évêque de Ratisbonne demanda à Gassner de revenir à Ellwangen, ville dont il était le prince-prévôt, pour prodiguer ses « soins » à quelques membres de la haute noblesse. Gassner resta à Ellwangen quelques semaines. Il y accomplit 232 guérisons[1]. Parmi les bénéficiaires, il y avait un Français, le comte de Faubert, grand bailli d'épée de Bourbon-Lancy, qui souffrait depuis dix ans de la goutte, un Anglais, le baron de Silwestolpe, et une vingtaine d'autres membres de la noblesse.

1. E. Midelford, *Exorcism and Enlightment*, p. 81.

Gassner retourna ensuite dans sa paroisse de Pondorf, où il mourut deux ans plus tard, le 4 avril 1779. Dans l'église paroissiale, une plaque de marbre rappelle sa mémoire.

## MESMER *VS* GESSNER

À la fin des années 1770, les guérisons accomplies par l'exorciste Gassner furent comparées à celles obtenues par Mesmer, le fondateur du magnétisme. Henri Ellenberger, dans son livre classique sur l'histoire de la « psychiatrie dynamique », fait « remonter la naissance de la psychiatrie dynamique moderne à 1775, l'année du conflit qui a mis aux prises le médecin Mesmer et l'exorciste Gassner »[1].

En 1766, Franz-Anton Mesmer avait soutenu à la faculté de médecine de Vienne une thèse de doctorat intitulée *De l'influence des planètes sur le corps humain*, s'appuyant à la fois sur les doctrines astrologiques, les théories du jésuite Athanasius Kircher (*Magnes sive de arte magnetica opus tripartum*, Rome, 1643) et la loi universelle de la gravitation de Newton. Il développera par la suite sa théorie d'un « magnétisme animal » distinct du magnétisme minéral. Il affirmait l'existence d'un fluide magnétique qui emplit l'univers et qui sert « d'intermédiaire entre l'homme, la terre et les corps célestes, et aussi entre les hommes eux-mêmes[2] ». Selon lui, la maladie résulte d'une mauvaise répartition de ce fluide dans le corps humain. Le magnétiseur sait canaliser et emmagasiner ce fluide universel. Grâce à certaines techniques, il peut transmettre son fluide à d'autres personnes et les guérir. Mesmer chercha d'abord à obtenir ces guérisons au moyen d'aimants, puis de plaques métalliques aimantées ajustées à la partie du corps qu'il s'agissait de traiter.

1. H. F. Ellenberger, *Histoire de la découverte de l'inconscient*, p. 83.
2. *Ibid.*, p. 93. Sur la comparaison Gessner-Mesmer, voir particulièrement les pages 87-101.

À la fin de 1774, on l'a vu, Maximilien III de Bavière interdit Gassner en Bavière. En 1775, il nomma une commission pour enquêter sur les exorcismes qu'il pratiquait. Cette commission invita Mesmer. Il observa les pratiques du prêtre exorciste, lut son livre, interrogea des témoins. Le 23 novembre 1775, à Munich, il fit la démonstration des pouvoirs du magnétisme en se contentant de toucher les malades du doigt. Le lendemain, il fit un exposé devant l'Académie des sciences de Bavière et la cour. Il compara le magnétisme aux pratiques de Gassner. Il en conclut que l'exorciste utilisait les pouvoirs du magnétisme sans le savoir et qu'il habillait ses pratiques de superstitions.

Mais Mesmer fut aussi influencé par les pratiques de Gassner, découvrant que lui-même était « capable de guérir les maladies en manipulant le fluide magnétique sans aimants[1] ». Ce seront les célèbres « passes » : la transmission du fluide que le magnétiseur a accumulé et qu'il transmet au patient. Mesmer est considéré comme le précurseur de l'hypnose moderne et de la psychothérapie. Mais plusieurs spécialistes actuels de ces domaines relèvent que Gassner, qui avait une approche thérapeutique beaucoup plus élaborée que Mesmer, est en fait leur véritable précurseur[2]. Ainsi, Christophe Dufour estime que Gassner a inventé le « test de suggestibilité » :

> Il n'essaye pas d'emblée de faire disparaître les symptômes (l'action du démon), ce serait incongruent, car si le patient pouvait faire disparaître ses symptômes, il ne serait pas devant lui à chercher son aide. Ce que fait Gassner, c'est de provoquer les symptômes. Il suggestionne afin que les symptômes se déclarent ou s'aggravent. Si c'est le cas, cela signifie que les symptômes sont d'origine psychogène, sinon c'est qu'ils sont organiques et il oriente le patient vers les médecins[3].

1. R. Darnton, *La Fin des Lumières. Le mesmérisme et la Révolution*, Paris, Perrin, 1985, p. 54.
2. P. Burkhard, « Gassner's Exorcism – not Mesmer's Magnetism – is the Real Predecessor of Modern Hypnosis », *International Journal of Clinical and Experimental Hypnosis*, vol. 53, n° 1, 2005, p. 1-12.
3. Chr. Dufour, « Pourquoi Johann Gassner ne doit pas être oublié par les hypnos », mis en ligne le 30 juillet 2022 sur le site Le Somnambuliste.

Gassner fut-il plus guérisseur qu'exorciste ? On a parfois le sentiment qu'il traitait les fidèles qui s'adressaient à lui comme des cobayes, des sujets pouvant être soumis à des expériences spectaculaires.

Il resta néanmoins toute sa vie un saint prêtre, confiant dans le Saint Nom de Jésus et dans l'efficacité de l'exorcisme. Sans attribuer toutes les maladies au diable, ce contre quoi le Rituel de 1614 avait mis en garde, il estimait que le diable peut se glisser dans certaines pathologies que la science médicale moderne appelle « psychogènes ». L'immense popularité dont il a bénéficié de son vivant atteste que, au siècle des Lumières et de la raison, la science n'avait pas apporté toutes les réponses aux interrogations et angoisses et que le mal restait un mystère. Mais on peut lui reprocher d'avoir fait de la lutte contre le diable un spectacle ouvert au public et de n'avoir pas respecté le Rituel en usage dans l'Église depuis près de deux siècles.

CHAPITRE 10

# PÈRE GABRIELE AMORTH (1925-2016)

Le père Amorth fut, sans doute, le plus célèbre des exorcistes contemporains. Il dut cette célébrité à sa réputation de grand exorciste mais tout autant aux nombreux livres qu'il a publiés dans les dernières décennies de sa vie. Son savoir-faire d'exorciste, indéniable, s'accompagnait d'un grand talent dans le faire-savoir. Il a donné d'innombrables interviews à la grande presse, en Italie, en France et dans d'autres pays. De son vivant et après sa mort, plusieurs films, documentaires ou de fiction, lui ont été consacrés.

Gabriele Amorth était né à Modène, en Émilie-Romagne, le 1er mai 1925, le plus jeune des cinq garçons de la famille. Son père, Mario, et son grand-père étaient avocats. Mario Amorth était ami de don Sturzo, le fondateur, après la Première Guerre mondiale, du Parti populaire italien (PPI), le parti démocrate-chrétien. Il fondera la section du PPI à Modène.

Le jeune Gabriele fut élevé dans une famille profondément religieuse. Il dira avoir eu l'idée de devenir prêtre à l'âge de douze ans, en 1937[1]. Cinq ans plus tard, il fit la connaissance de Padre Pio, le

---

1. Contrairement à ce que laisse croire le titre français de certains de ses livres, don Gabriele Amorth n'a pas écrit son autobiographie, ni laissé de mémoires. Mais beaucoup de ses ouvrages et de ses interviews contiennent, ici et là, de brèves indications sur certains épisodes de sa vie. Ils permettent de composer ici un bref portrait biographique. Un ouvrage lui a été consacré : D. Agasso, *Don Amorth continua*, Cimisello Balsamo, Edizioni San Paolo, 2021.

célèbre religieux capucin qui vivait au couvent de San Giovanni Rotondo, dans les Pouilles. Ce fut une rencontre décisive : « J'ai vu ses stigmates et je l'ai entendu parler du diable. » Le père Amorth lui rendra visite à de nombreuses reprises jusqu'à sa mort, en 1968. Il lui consacrera un livre[1]. C'est Padre Pio qui fit connaître au jeune Gabriele Amorth la Société Saint-Paul (SSP) et lui suggéra qu'il pourrait y entrer.

Quelque temps après, le jeune Gabriele Amorth rencontra à Rome don Giacomo Alberione, le fondateur de cette congrégation. Depuis 1914, elle se consacrait à l'évangélisation par la presse, l'édition et les moyens de communication sociale. Il fondera d'autres congrégations religieuses, masculines et féminines. Il a créé plusieurs revues et magazines et une maison d'édition, les Edizioni San Paolo, qui deviendra une des principales maisons d'édition catholiques en Italie, avec des filiales dans d'autres pays. On a appelé don Alberione « l'apôtre des mass media ». Mort en 1971, il a été béatifié par Jean-Paul II en 2003.

Gabriele Amorth, qui n'avait que 17 ans, ne rejoignit pas tout de suite la Société Saint-Paul. Il continua ses études. En 1943, il fut appelé sous les drapeaux. Il refusa de servir le régime fasciste et rejoignit un groupe de résistance catholique, la Brigata Italia, commandée par Ermanno Gorrieri. Il fit aussi la connaissance de don Giuseppe Dossetti, qui était la principale figure de la résistance catholique en Émilie.

Dans la résistance, le nom de code du jeune Gabriele Amorth était « Alberto ». Il racontera : « J'ai été arrêté et condamné à mort à plusieurs reprises. J'ai toujours réussi à m'échapper[2]. » Effectivement, il a été arrêté trois fois et a réussi à s'évader trois fois. Sa participation à la lutte armée contre l'occupant allemand lui vaudra quatre décorations militaires, la dernière, la médaille de la Guerre de libération, lui sera décernée le 8 septembre 2016, huit jours avant sa mort.

---

1. G. Amorth, *Padre Pio*, Bologne, Dehoniane, 1998.
2. Entretien avec Vittorio Zincone publié dans le magazine *Sette*, juin 2010.

Après la guerre, il fit des études de droit à l'université de Modène, où il eut Dossetti comme professeur de droit canon. Il milita à la FUCI (Fédération des universitaires catholiques italiens) et, sur l'incitation de Dossetti, il s'engagea dans la *Democrazia Cristiana*, le nouveau parti démocrate-chrétien qui avait été fondé pendant la guerre. En 1946, il fut appelé au siège du mouvement à Rome et, en 1947, il fut nommé délégué national adjoint de *Gioventù democristiana*, le mouvement de jeunesse de la *Democrazia Cristiana* dirigé par Giulio Andreotti.

En juin 1947, Andreotti fut nommé sous-secrétaire d'État à la Présidence du conseil dans le quatrième gouvernement De Gasperi. Gabriele Amorth devait lui succéder à la tête de la *Gioventù democristiana*. Il choisit d'abandonner la politique et de répondre à sa vocation religieuse. Le 25 août suivant, il entrait dans la Société Saint-Paul. Il fut ordonné prêtre le 24 janvier 1954.

Il exerça différentes fonctions dans sa congrégation, professeur de lycée, formateur des jeunes religieux, aumônier d'instituts laïcs liés à la Société Saint-Paul. Mais il fut surtout journaliste religieux. En 1954, il fut nommé directeur de *L'Aurora*, la revue mensuelle consacrée à la Vierge Marie que sa congrégation publiait depuis 1932. Il lui donna un nouvel élan, tant dans la forme que dans le contenu. La revue changea de titre pour devenir *Madre di Dio* et le père Amorth s'attacha aussi à accroître sa diffusion, par la vente directe à domicile et dans les paroisses.

## LA CONSÉCRATION DE L'ITALIE AU CŒUR IMMACULÉ DE MARIE

Dans cette fonction, le père Amorth fut à l'origine d'un événement ecclésial qui a marqué l'Italie au début du pontificat de Jean XXIII. Il considérera toujours que ce fut « l'action la plus importante » de sa vie[1]. Sur la suggestion d'un de ses confrères, le père Stefano Lamera, il entreprit de faire consacrer l'Italie au Cœur

1. G. Amorth, « Storia dei 75 anni della rivista *Madre di Dio* », *Madre di Dio*, mars 2007. Voir aussi le livre qu'il a consacré à l'événement : *Consecrazione a Maria*, Rome, Paoline, 1959.

immaculé de Marie. Un projet identique avait été lancé en 1900 et approuvé par Léon XIII mais n'avait pas abouti. En 1958, le père Amorth réussit à intéresser à ce projet le cardinal Lercaro, archevêque de Bologne, avec lequel il était en relation depuis plusieurs années. L'initiative fut approuvée par la Conférence épiscopale italienne qui décida que cette consécration de l'Italie au Cœur immaculé de Marie aurait lieu lors du Congrès national eucharistique qui devait se tenir à Catane, en Sicile, en septembre 1959.

Un comité national fut créé pour préparer et organiser cette consécration. Il fut présidé par le cardinal Lercaro et le père Amorth en fut nommé secrétaire. Chaque diocèse d'Italie et les paroisses se préparèrent spirituellement à l'événement par différentes initiatives. Le père Amorth eut l'idée d'une grande *Peregrinatio Mariae* : une statue de Notre-Dame de Fatima serait portée de ville en ville, dans toute l'Italie, et achèverait sa route à Catane pour la consécration du pays. D'avril à septembre 1959, une statue de la Vierge Marie, amenée du sanctuaire portugais, passa par tous les chefs-lieux de province. Ce qu'on appellera le « pèlerinage des merveilles » donna lieu, dans toutes les villes où la statue s'arrêtait, à de grandes manifestations de piété et à des cérémonies religieuses très ferventes. Après que la statue de Notre-Dame de Fatima fut vénérée à Foggia, le père Amorth fit une exception pour qu'elle fût portée à San Giovanni Rotondo où résidait Padre Pio. Elle fut amenée le 6 août par hélicoptère et fut placée dans l'église du couvent capucin[1]. Padre Pio était malade depuis plusieurs mois. Selon le témoignage du père Agostino – un confrère de Padre Pio –, le jour du départ de la statue, le 7 août, alors que l'hélicoptère tournait autour du couvent avant de s'éloigner, Padre Pio adressa à la Vierge de Fatima une prière à la fois fervente et presque désespérée : « *Mammina mia*, depuis que tu es arrivée en Italie j'ai souffert sans pouvoir rien faire à cause de la maladie, et maintenant que tu t'en vas, tu ne dis rien ?... » Aussitôt, ajoute le père Agostino, « le Padre

1. Y. Chiron, *Padre Pio. Vérités, mystères, controverses*, Paris, Tallandier, 2018, p. 55-56.

ressentit comme une force mystérieuse dans son corps et dit à ses confrères “Je suis guéri !” ». Le lendemain, il put à nouveau célébrer la messe dans l'église conventuelle et confesser.

Le pèlerinage de la statue de Notre-Dame de Fatima se termina donc à Catane, le 13 septembre 1959. En présence de 300 000 fidèles, l'Italie fut consacrée au Cœur immaculé de Marie. Don Amorth avait obtenu que la RAI – alors l'unique chaîne de télévision italienne – retransmette en direct la cérémonie, qui fut marquée aussi par la lecture d'un long message du président de la République italienne, Giovanni Gronchi, et d'un message radiodiffusé du pape Jean XXIII.

La vie du père Amorth a toujours été marquée par une très forte dévotion à la Vierge Marie, et il publiera par la suite plusieurs ouvrages de spiritualité mariale : *Maria, un si a Dio* (« Marie, un oui à Dieu », 1979), *Dialoghi sui Maria* (« Dialogues sur Marie », 1987), *Il vangelo da Maria* (« L'Évangile de Marie », 1998). Tout en continuant à diriger la revue *Madre di Dio*, Don Amorth collabora aussi régulièrement à *Famiglia cristiana*, l'hebdomadaire de grande diffusion fondé par sa congrégation. Il avait la plume facile, aimait raconter des histoires, tout en s'appuyant pertinemment sur l'Écriture sainte à laquelle il faisait constamment référence.

## EXORCISTE DU DIOCÈSE DE ROME

Le 11 juin 1986 – il avait 61 ans –, sa vie prit une nouvelle tournure. Sans motif particulier, il était allé rendre visite au cardinal Poletti, qui était vicaire du diocèse de Rome et président de la Conférence épiscopale italienne, et qu'il connaissait depuis de nombreuses années. À un moment, la conversation tomba sur le père Candido Amantini, passionniste, qui était alors le seul exorciste du diocèse de Rome. Depuis 1961, il exerçait son ministère au sanctuaire de la Scala Santa, près de la basilique Saint-Jean-de-Latran. Le sanctuaire abrite l'« escalier saint » du prétoire de Pilate qu'aurait emprunté le Christ lors de sa Passion. Le père Amorth avait rendu visite quelquefois au père Amantini.

Sans interroger davantage le père Amorth, et sans lui demander s'il acceptait, le cardinal Poletti rédigea sur-le-champ une lettre qui le nommait exorciste du diocèse de Rome, assistant du père Amantini. Celui-ci, qui avait plus de 70 ans, souhaitait depuis un certain temps avoir un assistant.

Le père Amorth n'avait jamais songé auparavant à faire des exorcismes. Il dira même que, jusque-là, il ne se souciait « pas du tout » du démon : « Je savais qu'il existait, bien sûr. Je croyais à l'Évangile. À Modène, ville dont je suis originaire, je n'avais jamais entendu parler des exorcistes. Il est vrai qu'à l'époque nombre de prêtres n'abordaient pour ainsi dire jamais ces sujets-là : le démon, la possession, les exorcismes… » Ce quasi-silence sur le diable de la part du clergé, en Italie, en France, et dans beaucoup de pays, dans les années 1970 et au début des années 1980, est indéniable. Paul VI l'avait déploré lors de l'audience générale du 15 novembre 1972. Il avait saisi cette occasion pour faire une catéchèse générale sur le démon et son action qui reste un enseignement magistériel d'un grand intérêt[1].

Lorsque le cardinal Poletti nomma le père Amorth exorciste auxiliaire du diocèse de Rome, il n'y avait plus que vingt exorcistes en fonction dans toute l'Italie (alors que le pays compte plus de deux cents diocèses).

Le père Amorth accepta cette nouvelle charge dans un esprit d'obéissance. Il dira : « Je suis une mauviette et, après avoir quitté la maison du cardinal, je me suis présenté devant la Madone et je lui ai dit : “Enveloppe-moi de ton manteau car j'ai très peur.” »

Il abandonna le journalisme et toutes ses autres fonctions et se consacra dès lors exclusivement à son ministère d'exorciste. Le père Amantini le forma au « métier d'exorciste », dira-t-il. Il lui donna tout de suite deux conseils : « Tu as deux choses à faire. Premièrement, procure-toi le rituel des exorcismes. Il est en latin. Lis les vingt et une règles qui précèdent le rite et apprends-les par cœur.

1. Voir Annexe, p. 193.

Sans ces règles, tu seras vaincu. Deuxièmement, entraîne-toi chez toi, seul[1]. »

Le *Rituel des exorcismes* en vigueur à cette époque était le Rituel de 1614, dans son édition révisée de 1952. Les vingt et une règles que le père Amantino demandait au père Amorth d'apprendre par cœur sont des recommandations très concrètes pour les prêtres chargés de pratiquer des exorcismes. Sans les citer toutes, on peut relever les plus significatives[2].

La règle 3 avertit : « Avant tout, qu'il [l'exorciste] ne croie pas facilement que quelqu'un est possédé par le démon, mais qu'il connaisse ces signes par lesquels on distingue le possédé de ceux qui souffrent de quelque maladie, surtout psychique. » Les signes de la présence du démon indiqués dans ce Rituel avaient été déterminés depuis longtemps par les manuels d'exorcisme, on l'a vu. Quand le possédé peut « parler une langue inconnue, en en employant plusieurs mots, ou comprendre quelqu'un qui la parle ; découvrir des choses éloignées et cachées ; déployer des forces supérieures à celles naturelles de l'âge ou de la condition ; et quand ces signes s'accumulent, ils fournissent une preuve plus grande ».

Les règles 5 à 9 détaillent « les artifices et les mensonges », les « ruses et fraudes innombrables » dont use le démon pour tromper l'exorciste, pour le décourager ou, au contraire, pour lui faire croire que le malade est délivré.

La règle 10 rappelle l'enseignement de Jésus : « Il est des démons qu'on ne peut chasser que par le jeûne et la prière » (Mt 17, 21) et exhorte l'exorciste à employer « surtout ces deux remèdes pour implorer l'assurance divine et expulser les démons, à l'exemple des saints Pères ».

La règle 13 détaille ce que peut utiliser l'exorciste dans son ministère :

---

1. G. Amorth, *Moi, l'exorciste du Vatican*, Paris, Presses du Châtelet, 2023, p. 24 (édition italienne en 2012).

2. Nous les citons d'après l'édition latin-français du Rituel récemment publiée, *L'Exorcisme des possédés par le démon. Rituel romain édition typique de 1952*, Strasbourg, Trifolium, 2020.

> Qu'il tienne en main un Crucifix ou l'ait sous les yeux. Là où l'on peut aussi avoir des reliques des saints, correctement conservées et enveloppées, qu'elles soient approchées, avec révérence, de la poitrine ou de la tête du possédé ; mais il faut faire attention à ne pas manipuler indignement ces objets sacrés, et à ce que le démon ne leur fasse pas la moindre injure. Quant à la très sainte Eucharistie, qu'elle ne soit approchée ni de la tête du possédé ni d'aucune autre partie du corps, de crainte d'irrévérence.

Le père Amorth respectera ces recommandations, en y ajoutant des usages traditionnels. À un journaliste qui l'interrogeait sur les « outils du métier d'exorciste », il répondra : « J'utilise l'eau bénite, un crucifix où est incrustée une médaille de saint Benoît et une étole violette, longue, de façon à ce que je puisse poser les bords sur les épaules du possédé. Mais l'instrument principal est la prière[1]. »

La règle 14 recommande, en accord avec la plupart des manuels d'exorcisme du passé, la prudence dans les questions que l'exorciste doit poser au démon :

> Que l'exorciste ne soit pas verbeux et ne pose pas de questions superflues ou curieuses, concernant particulièrement le futur ou des choses cachées, sans rapport avec sa charge ; qu'il ordonne au contraire à l'esprit impur de se taire et de répondre seulement lorsqu'il est interrogé ; et si le démon simule être l'âme d'un saint ou d'un défunt, ou un ange bon, qu'il n'y ajoute aucune foi.

On relèvera encore la règle 20 :

> Qu'il ordonne au démon de dire s'il est retenu dans ce corps par quelque opération magique, des maléfices ou des objets ; si le possédé avait avalé de ces derniers, qu'il les vomisse ; s'ils se trouvaient hors de son corps, qu'il le révèle, et qu'une fois trouvés ils soient brûlés.

1. Entretien accordé par le père G. Amorth au magazine italien *Sette* en juin 2010.

## PREMIERS EXORCISMES

Pendant plusieurs années, le père Amorth fut d'abord l'adjoint du père Amantini. Il assista aux exorcismes que le père pratiquait le matin, après avoir célébré la messe dans le sanctuaire de la Scala Santa, à six heures du matin, en présence de très nombreux fidèles. Puis il le remplaça lorsque le père Amantini ne pouvait pas s'occuper d'un cas qu'on lui soumettait.

Le père Amorth pratiqua son premier exorcisme le 21 février 1987, soit après huit mois de formation[1]. On l'avait appelé pour exorciser un jeune paysan des environs de Rome. La cérémonie se passa dans une salle discrète de l'Antonianum, l'université pontificale de l'ordre des Frères mineurs. Le jeune homme, presque illettré, ne parlait qu'en anglais – langue qu'il ne connaissait pas – lorsqu'il était possédé par le démon. Il fallut une interprète pour traduire ses paroles. Le jeune homme resta d'abord silencieux, le regard fixé sur le sol. Puis, après la récitation du psaume 53 et d'une première prière de supplication, « brusquement, le paysan leva la tête pour me fixer. Dans le même instant, il laissa échapper un hurlement épouvantable de rage. Il était devenu rouge et se mit à lancer des invectives en anglais ». Tandis que le père Amorth poursuivait l'exorcisme, il multiplia les blasphèmes, les injures et les menaces. Puis, à la première imprécation (« Je te commande, qui que tu sois, esprit impur... »), les hurlements se transformèrent en une plainte qui semblait ne devoir jamais finir et le possédé semblait épouvanté. Lorsque le père Amorth ordonna au démon de dire son nom, le possédé obéit : « *I'm Lucifer*, dit-il d'une voix basse en insistant sur chaque syllabe tour à tour. Je suis Lucifer. » Le père Amorth poursuit :

> Brusquement, j'eus la nette sensation de la présence démoniaque devant moi. Je sentais que ce démon me fixait, me scrutait. Il faisait un froid terrible, et le père Candido m'avait bien averti de ces chutes

1. Il l'a raconté dans *Più forte del male. Il Demonio riconoscerlo, vincerlo, evitarlo*, entretiens avec Roberto Italo Zanini, Cinisello Balsamo, San Paolo Edizioni, 2010, p. 40-42, et dans *Moi, l'exorciste du Vatican*, p. 35-45.

de température, mais c'est une chose d'en parler et une autre de les éprouver.

Puis, après la formule imprécatoire ordonnant à Satan de sortir du corps du jeune homme,

> le possédé se transforma en véritable morceau de bois, les jambes tendues vers l'avant, la tête allongée en arrière. Et il se mit en lévitation. Il s'éleva à l'horizontale d'une cinquantaine de centimètres au-dessus du dossier de la chaise et demeura ainsi, immobile, suspendu dans l'air, pendant plusieurs minutes.

Ce fait inattendu ne se reproduisit plus pendant toute la carrière d'exorciste du père Amorth. Un tel phénomène extraordinaire s'est produit par exemple, on l'a vu, lors des exorcismes accomplis par saint Martin dans sa cathédrale.

Il fallut encore d'autres exorcismes, un ou deux par semaine, avant que le jeune paysan soit délivré, quatre mois plus tard. Il est à noter que le diable avait annoncé la date exacte de sa sortie du corps du possédé, le 21 juin. Elle se produisit sans que le père Amorth soit présent. Le jeune paysan lui racontera comment cette délivrance s'est passée :

> Comme tous les jours, je suis allé travailler seul dans les champs. Au début de l'après-midi, j'ai décidé de faire un tour avec le tracteur et, à quinze heures, je me suis mis à hurler à pleins poumons. Je crois que c'était un hurlement terrifiant, mais, lorsque je cessais de hurler, je me sentis délivré. Je ne sais pas comment l'expliquer, mais j'étais enfin libre.

Après ce premier exorcisme accompli seul, le père Amorth continua à demander des conseils au père Amantini. Celui-ci lui expliqua notamment qu'un exorcisme est composé de six étapes, avec chacune ses difficultés spécifiques[1] :

1. G. Amorth, *Moi, l'exorciste du Vatican*, p. 52-55.

- dès l'entrée dans la pièce où se trouve le possédé, la « reconnaissance » d'une « présence » : « Quelque chose qui n'est pas humain, voire qui est antihumain. Quelque chose que l'on ne peut expliquer, mais qui est » ;
- « débusquer l'adversaire [...] contraindre le diable à se révéler, à sortir au grand jour » ;
- « le point de rupture » : le diable cesse de feindre, commence à se montrer au grand jour, « s'il parle, il le fait avec la voix du possédé » ;
- « le diable se met à parler avec sa propre voix, une voix déshumanisée, avec des accents et un timbre qu'aucun être humain n'a jamais eus » ;
- « la rencontre » : « C'est l'exorciste qui mène le jeu. La bataille est ouverte, totale, sans règles. Tout l'esprit du mal se jette sur l'exorciste qui, seulement armé de sa foi en Jésus-Christ, doit résister et contre-attaquer. L'exorciste ne doit pas chercher à échapper à l'affrontement » ;
- l'expulsion.

## UN SUCCÈS MONDIAL

À partir de 1990, le père Amorth ne fut plus l'assistant du père Amantini, mais lui succéda comme exorciste officiel du diocèse de Rome. Le père Amantini mourra deux ans plus tard.

En 1990 aussi, le père Amorth publia un premier livre sur son ministère d'exorciste, avec une « Présentation » de celui qui avait été son maître dans l'art de l'exorcisme[1]. L'ouvrage aura un succès considérable. Le livre aura vingt et une éditions en Italie et sera traduit en vingt-trois langues. L'abbé Laurentin, dans la préface qu'il donnera à la traduction française, estimera que « ce livre brise la conspiration du silence sur le combat spirituel et le rôle du démon ».

---

1. G. Amorth, *Un esorcista raconta*, Bologne, Dehoniane, 1990 ; traduit en français sous le titre : *Un exorciste raconte*, Pairs, F.-X. de Guibert, 1992, préface de René Laurentin.

Dès ce premier livre, le père Amorth récusait deux attitudes contraires : croire trop facilement qu'une personne est possédée et refuser d'admettre que la possession diabolique existe. Il écrivait :

> Nous, les exorcistes, nous pensons qu'il est juste et important de veiller à ne pas nous laisser prendre au piège par des malades mentaux, des maniaques et par tous ceux qui, en somme, ne sont victimes d'aucune présence démoniaque et qui n'ont aucun besoin d'exorcismes. Mais il faut également signaler le danger inverse qui est aujourd'hui beaucoup plus fréquent : le danger de ne pas savoir reconnaître une présence maléfique et donc ne pas faire appel à l'exorcisme lorsqu'il s'impose.

Dans une distinction qu'il rappellera dans d'autres livres et interviews, et qui était en fait la synthèse de ce que l'Église a toujours enseigné, parfois avec des termes différents, le père Amorth distinguait l'action ordinaire du démon, qui s'exerce par la *tentation*, et ses actions extraordinaires, qui s'exercent à quatre niveaux : la *vexation* (attaques directes du démon), l'*infestation* (de lieux ou d'objets), l'*obsession* et la *possession*.

Il donnait aussi quatre raisons qui font qu'un fidèle tombe sous les actions extraordinaires du démon :

- « parce que Dieu le permet » : sans qu'il y ait faute de leur part, Dieu permet que des fidèles, notamment des saints, soient tentés ou attaqués par Satan, et même possédés, pour les « exercer à l'humilité, à la patience et à la mortification ». C'est le cas de Padre Pio, le religieux capucin stigmatisé, soumis à de nombreuses et rudes vexations diaboliques dans les premières années de sa vie religieuse et qui a été canonisé en 2002, ou de Marie de Jésus-Crucifié, carmélite, possédée pendant plusieurs années, canonisée en 2015 ;
- « parce qu'on est victime d'un maléfice » : une personne est possédée, ou simplement victime de tourments diaboliques,

suite à un maléfice provoqué par un tiers (malédiction, sort[1], ligature, pratique magique) ;

- « parce qu'on se trouve dans un état de péché grave et endurci » : le cas le plus célèbre est celui de Judas, qui trahit Jésus. « Satan entra en lui », dit l'Évangile (Jn 13, 27), et il livra le Christ aux autorités ;
- « parce qu'on fréquente des lieux ou des personnes maléfiques » : « Participer activement ou non à des séances de spiritisme, pratiquer la magie, l'occultisme, prendre part à des cultes ou des sectes sataniques (dont les messes noires constituent le point culminant), fréquenter des magiciens, des sorciers, certains cartomanciens… »

Dans ce premier livre consacré aux exorcismes, le père Amorth faisait une remarque très importante pour combattre un préjugé ou une fausse croyance :

> *La possession diabolique n'est pas contagieuse, ni pour la famille, ni pour ceux qui y assistent, ni pour les lieux où [les exorcismes] sont pratiqués.* Il est important de le souligner car nous, les exorcistes, avons souvent beaucoup de mal à trouver des endroits où nous puissions exécuter ce sacramental. Et bon nombre des refus dérivent justement de cette peur que le local demeure « infesté ». Les prêtres, tout au moins eux, doivent savoir que la présence des possédés et les exorcismes réalisés ne laissent pas la moindre trace dans les lieux et chez leurs habitants[2].

En revanche, le diable qui possède une personne peut troubler le reste de sa famille. Le père Amorth donnait un exemple très significatif :

> Une adolescente de 16 ans, Anna Maria, était inquiète parce qu'elle ratait depuis quelque temps ses études (alors qu'elle n'avait jamais

1. Le terme italien, *fattura*, est plus parlant : c'est un objet confectionné à l'aide de matériaux divers (figurine de papier, de tissu ou de cire, représentation symbolique, etc.), avec « la volonté de nuire » à quelqu'un et « un moyen offert à Satan pour qu'il y grave sa force maléfique » (*ibid.*, p. 163-164).
2. *Ibid.*, p. 109.

rencontré auparavant la moindre difficulté) et entendait chez elle des bruits curieux. Elle vint me voir accompagnée de ses parents et de sa sœur. Je la bénis et notai un petit signe de négativité. Je bénis ensuite sa mère, qui souffrait de certains troubles. Tandis que je plaçais mes mains sur sa tête, elle émit un long hurlement et glissa de la chaise, se retrouvant assise, par terre. Je fis sortir les deux sœurs et poursuivis mon exorcisme, assisté du père ; j'enregistrai une négativité bien plus forte que chez la jeune fille.
Pour Anna Maria, trois bénédictions suffirent : ce cas bénin fut immédiatement résolu. En ce qui concerne sa mère, cela prit plusieurs mois, au rythme d'une bénédiction par semaine, mais elle guérit complètement et beaucoup plus vite que les réactions manifestées lors de la première bénédiction le laissaient prévoir.

## LA PRIÈRE ET LE JEÛNE

On a reproché au père Amorth de trop évoquer dans ses livres les cas de possession les plus extraordinaires et de raconter avec complaisance les phénomènes les plus spectaculaires, au point de laisser au lecteur l'impression que le combat contre le diable mené par l'exorcisme a toujours une tournure dramatique, voire dangereuse.

En fait, dès son premier livre, et toujours par la suite, le père Amorth a précisé que les actions extraordinaires du démon (vexation, obsession, infestation, possession) ne se combattent pas uniquement avec les exorcismes. Elles peuvent déjà, dans de nombreux cas, être vaincues par la prière du prêtre – parfois une simple prière de libération – et du fidèle, les sacrements, le jeûne, une vie chrétienne droite.

Il rapportera un cas significatif[1]. Un enfant de quelques mois présentait un trouble récurrent. Ses parents ne comprenaient pas certaines de ses réactions : « Des pleurs qui semblent venir d'un monde lointain ; des cris anormaux pour son âge » ; et particulièrement, dès qu'il entrait dans une église, l'enfant se

1. G. Amorth, *Moi, l'exorciste du Vatican*, p. 100-101.

mettait « à sangloter de désespoir ». Les médecins ne diagnostiquaient aucune maladie et les calmants ne produisaient aucun effet : au contraire, l'enfant devenait « plus excité, voire fou de rage ». Amené au père Amorth, il fallut de nombreuses séances pour le délivrer. Le diable ne parla jamais en lui, le seul signe de la possession était des « hurlements terribles » qui duraient pendant toute la séance. Le père Amorth conseilla aux parents de prier le plus possible, de jeûner et d'assister tous les jours à la messe. Puis un jour, au bout de quelques mois, l'exorcisme put être accompli complètement sans que l'enfant pleure et crie. Il était délivré. Le démon avait été chassé autant par la prière, le jeûne et la pitié des parents que par l'exorcisme du prêtre.

Le père Amorth, pour contrebalancer ce que ses récits pouvaient avoir d'effrayant pour ses lecteurs, a insisté à plusieurs reprises, dans ses livres ou ses interviews, sur le calme que doit garder l'exorciste et la confiance qui doit le soutenir face aux agissements ou paroles les plus provocatrices du démon. Dans une interview, il a reconnu : « Souvent le diable essaie de démoraliser l'exorciste, puis il essaie de lui faire peur, lui disant : "Cette nuit, je mettrai un serpent dans tes draps" ou "Demain je viendrai manger ton cœur"[1]. » Le journaliste qui l'interrogeait lui demanda alors : « Et vous avez eu peur quelquefois ? » Le père Amorth le regarda, incrédule, et lui répondit : « Non, jamais. J'ai la foi. Je me moque du démon et je lui dis : "J'ai la Madone à mes côtés. Je m'appelle Gabriele. Va te battre avec l'archange Gabriel si tu veux." Cela suffit généralement à le faire taire. »

Le père Fontelle, exorciste du diocèse de Saint-Denis à La Réunion, témoigne de la même confiance qui se fonde sur la foi : « Nous devons nous souvenir que, par sa croix, le Christ nous a obtenu la victoire. Si vous partez au combat en sachant que, quoi qu'il arrive, vous allez vaincre, cela change tout[2]. »

---

1. G. Brandreth, « An Interview with Fr. Gabriele Amorth. The Church's Leading Exorcist », entretien accordé au *Sunday Telegraph*, le 29 octobre 2000.
2. B. Coste, « Pères Amorth et Fontelle : deux exorcistes face au diable », *Famille chrétienne*, 30 novembre 2010.

## LIEUX ET OBJETS MALÉFIQUES

Dans son long ministère d'exorciste, le père Amorth a été amené, à plusieurs reprises, à devoir exorciser des lieux « infestés » par le démon, ce qu'on appelle communément des « maisons hantées[1] ». Le terme est impropre et renvoie à l'image de fantômes ou d'entités indéfinies qui rôderaient dans des maisons vides ou habitées. Le père Amorth expliquait qu'il s'agissait souvent de « maisons qui ont été habitées pendant des années par des satanistes, et la présence diabolique continue de s'incruster bien après le départ de ces adeptes de Satan ». Ou de « nouvelles maisons construites, dans l'ignorance de tous, sur un ancien cimetière et dont une âme défunte, pour une raison ou pour une autre, peut avoir sur les lieux une influence négative parfois extrêmement déplaisante ». Ou encore de maisons où a eu lieu un crime ou un assassinat. La présence diabolique se manifeste par des bruits insolites, des phénomènes inexplicables (lumières qui s'allument ou s'éteignent seules, portes qui s'ouvrent ou se ferment sans raison) ou des odeurs nauséabondes.

Le père Auzenet, exorciste du diocèse du Mans, qualifie ces phénomènes de « parasitages paranormaux » provoqués par le démon pour tourmenter l'homme[2]. Ils font partie de ce qu'on appelle les vexations diaboliques. L'intervention de l'exorciste, soit par la prière de délivrance prévue dans le *Rituel des exorcismes*, soit par la « bénédiction des maisons » prévue dans le *Livre des bénédictions*, permet de faire cesser l'infestation.

Les objets infestés sont d'un autre ordre. Ils ont été « consacrés » au démon par quelque mage ou sorcier dans le but de nuire à une personne. L'objet est déposé dans un lieu, à l'insu de celui qui l'occupe, ou donné à une personne qui ignorera qu'il s'agit d'un maléfice. Un autre exorciste, le père Fontelle, témoigne :

---

1. G. Amorth, *Moi, l'exorciste du Vatican*, p. 159.
2. D. Auzenet, *Magnétiseurs, guérisseurs, médiums. Le nouveau royaume de l'occulte*, Paris, Mame, 2023, p. 22.

Souvent, on pense qu'un lieu est infesté alors qu'il n'y a qu'un objet infesté. Tant qu'il n'est pas trouvé par le prêtre exorciste, l'objet continue son influence maléfique. Ce fut le cas d'un propriétaire d'une maison. Dès qu'il entrait chez lui, il se sentait mal, il suffoquait, il étouffait, il ne pouvait pas prier, et ne pouvait y rester. Une fois sorti, il allait mieux, il revivait. Avant de se tourner vers un prêtre exorciste, il alla voir de nombreux spécialistes dont certains d'ondes telluriques. Ayant épuisé tous les recours scientifiques, il se rendit chez le père exorciste qui, en se rendant sur place, constata des invocations sataniques sur la porte d'entrée. Il ne put délivrer la maison qu'après avoir trouvé l'objet infesté, un simple souvenir reçu en cadeau peu de temps auparavant[1].

Les objets expulsés parfois par les possédés au cours de l'exorcisme sont d'une autre nature et ne manquent pas de susciter l'étonnement. Le père Amorth en a parlé à plusieurs reprises dans ses livres ou ses interviews. Dans un de ses derniers livres, il cite le cas d'une religieuse exorcisée qui crache « des clous, des vis, des ciseaux, des articles en métal de diverses dimensions[2] ». Un autre exorciste contemporain, le père Cipriano de Meo, capucin, qui a présidé l'Association internationale des exorcistes (AIE) de 2010 à 2012, a publié de nombreuses photos d'objets expulsés lors d'exorcismes et qu'il a conservés : des cheveux, un morceau de charbon, un menu de mariage, des épingles, un chapelet en plastique, des matières organiques indéfinissables, des pierres[3]. Le père Fontelle, lui, a conservé de « petits galets » rejetés par une possédée pendant un exorcisme.

Dans tous les cas, ces exorcistes considèrent que ces objets rejetés par la bouche du possédé sont le signe que l'exorcisme a réussi. Mais aucun n'explique l'origine de ces objets. Interrogé par nos soins, l'exorciste du diocèse du Mans – qui n'a jamais été confronté à ce phénomène – estime que ces objets, dans la majorité des cas, n'avaient pas été au préalable avalés par le possédé. Il pense aussi

1. M.-A. Fontelle, *Comprendre et accueillir l'exorcisme*, Paris, Pierre Téqui, 1999, p. 79.
2. G. Amorth, *Moi, l'exorciste du Vatican*, p. 123.
3. Père C. de Meo, *Mon expérience d'exorciste*, *op. cit.*

qu'il s'agit d'objets qui ne viennent pas de l'estomac de l'exorcisé mais qui apparaissent dans sa bouche au moment où la délivrance s'accomplit :

> Je peux me tromper, car je n'en ai pas l'expérience : je pense que les objets expulsés sont une matérialisation, et non pas une expulsion. Opérée par qui, je ne sais : le démon ? Dieu lui-même ? La variété que vous citez permet-elle de faire une relation claire avec un objet ayant servi au maléfice ? Sans doute pas, du moins pour le chapelet en plastique. Ce qui rend la chose encore plus mystérieuse[1]...

## PSYCHIATRIE ET EXORCISME

En 1996, le père Amorth publia un troisième livre consacré à l'exorcisme. Cette fois, il ne s'agissait plus de faire des récits d'exorcisme, mais d'évoquer principalement les relations entre la lutte de l'Église contre le diable et la psychiatrie[2]. Il traitait de la problématique : « Faut-il avoir recours à l'exorciste ou au psychiatre ? », puis il répondait aux questions que lui posaient des psychiatres.

Il reconnaissait que des fidèles considérés jadis comme possédés ou attaqués par le démon et soumis à des exorcismes seraient considérés aujourd'hui comme des personnes atteintes de diverses maladies mentales. Psychiatres et exorcistes ne sont pas rivaux, expliquait-il, mais complémentaires. Les professionnels de la santé mentale peuvent apporter une aide significative aux exorcistes, et inversement. Dans la pratique, nombre de fidèles se sont adressés au père Amorth après avoir consulté en vain médecins, psychologues ou psychiatres. Inversement, le père Amorth demandait assez souvent à des fidèles d'aller consulter un médecin avant de revenir le voir. Il dira plus tard : « Il y a souvent des personnes qui viennent me voir et qui ne sont pas du tout possédées. Elles souffrent d'épilepsie ou de schizophrénie ou d'autres troubles

---

1. Témoignage du père Dominique Auzenet, recueilli le 2 octobre 2023.
2. G. Amorth, *Esorcisti e psichiatri*, Bologne, Dehoniane, 1996 ; traduit en français sous le titre *Exorcisme et psychiatrie*, Paris, F.-X. de Guibert, 2002.

mentaux. Sur les milliers de patients que j'ai vus, seulement une centaine ou à peu près étaient réellement possédés[1]. »

La collaboration entre l'exorciste et le psychiatre suppose que le premier connaisse les symptômes des principaux troubles psychiques et que le second connaisse l'enseignement de l'Église sur le diable et des moyens qu'elle emploie pour lutter contre lui. Dans son livre, le père Amorth se réjouit que la dernière édition du manuel de nosographie psychiatrique, qui fait référence dans le monde entier, parle pour la première fois de la possession attribuée à l'influence d'un esprit[2]. Effectivement, si l'on se réfère au DSM-IV, on voit que la possession comme la transe ne sont plus assimilées à un « trouble dissociatif de l'identité » et à d'autres troubles mentaux (schizophrénie, bipolarisation, somatisation, et d'autres troubles de la personnalité), mais sont qualifiées de « trouble dissociatif non spécifié », c'est-à-dire non explicable par les maladies mentales connues[3].

Le père Amorth expliquait aussi dans son livre qu'il y a, pour le prêtre, plusieurs moyens de distinguer si une personne est atteinte d'un trouble mental ou est victime d'un maléfice diabolique ou possédée par le démon. La personne « maléficiée » ou possédée réagira toujours à l'aspersion d'eau bénite, à la présentation du crucifix, à la présence de l'Eucharistie. À un journaliste qui lui demandait si un hystérique pouvait imiter les symptômes de la possession et ainsi tromper l'exorciste, le père Amorth répondra :

> Nous pouvons reconnaître les simulateurs. Nous les regardons dans les yeux. Dans le cadre de l'exorcisme, à des moments précis pendant les prières, en tenant deux doigts sur les yeux des patients, nous levons les paupières. Presque toujours, en cas de présence maléfique, les yeux sont complètement blancs. Même avec l'aide des deux mains, nous

---

1. Entretien accordé au *Sunday Telegraph*, 29 octobre 2000.
2. G. Amorth, *Exorcisme et psychiatrie*, p. 103.
3. *DSM-IV. Manuel diagnostique et statistique des troubles mentaux*, Paris, Masson, 1994, p. 610-611.

pouvons à peine discerner si les pupilles sont vers le haut ou le bas de l'œil[1].

## LE NOUVEAU RITUEL

Le concile Vatican II avait demandé que le *Rituel romain*, c'est-à-dire l'ensemble des livres liturgiques, soir révisé. Déjà, le nouveau Rituel du baptême promulgué le 6 janvier 1972 avait supprimé dans la cérémonie baptismale les formules d'exorcisme sous forme impérative (ordre donné au démon de quitter le futur baptisé). Le nouveau Rituel des exorcismes va susciter, lui aussi des critiques.

Le Rituel des exorcismes fut le dernier livre liturgique à être révisé. Un *Rituale ad interim* (c'est-à-dire provisoire) fut publié le 4 juin 1990. Ce fut une « vraie surprise » pour les exorcistes, dira le père Amorth, parce qu'aucun d'entre eux n'avait été consulté lors du travail préparatoire. Il avait été rédigé par deux commissions : une commission de cardinaux et une commission de théologiens. Le père Amorth et d'autres exorcistes d'Italie et de différents pays furent insatisfaits de ce nouveau Rituel : « Je peux affirmer avec certitude, dira le père Amorth, qu'aucun des membres de ces deux commissions n'a jamais fait d'exorcisme, ni n'a jamais assisté à des exorcismes ni a la moindre idée de ce qu'est un exorcisme. C'est l'erreur, le péché originel de ce Rituel[2]. »

La première partie du nouveau Rituel est un exposé biblico-théologique qui rappelle les fondements évangéliques de l'exorcisme. Cette partie est excellente, estimait le père Amorth. La seconde partie, qui décrit la pratique de l'exorcisme, était jugée beaucoup moins satisfaisante.

Le préfet de la Congrégation pour le culte divin, le cardinal Somalo, dans la lettre de présentation qui accompagnait le *Rituale ad interim*, avait incité les conférences épiscopales à faire connaître

---

1. Entretien accordé au *Sunday Telegraph*, 29 octobre 2000.
2. Entretien accordé au mensuel italien *Trenta Giorni*, juin 2001, et G. Amorth, *Moi, l'exorciste du Vatican*, p. 215-219.

les remarques et suggestions que feraient les exorcistes qui utiliseraient le nouveau Rituel.

À l'initiative du père Amorth, dix-huit exorcistes, venus de différents pays, se réunirent à Rome pour examiner le nouveau Rituel. Il y eut aussi, en 1991 et 1992, des réunions d'exorcistes, français et étrangers, parmi lesquels Mgr Corrado Balducci, spécialiste reconnu de démonologie, organisées au monastère bénédictin du Barroux, en France[1]. Ils firent part de leurs observations dans un mémorandum qui fut remis à la Congrégation pour le culte divin, à la Congrégation pour la doctrine de la foi, à la Conférence épiscopale italienne et au pape Jean-Paul II.

Le mémorandum reprochait au nouveau Rituel de n'être pas un développement du Rituel de 1614, mais une réécriture complète. Il mettait en cause aussi deux des trente-six « règles à observer » qui précédaient le Rituel. La quinzième règle recommandait de ne pas utiliser l'exorcisme pour délivrer les personnes qui se croient victimes « d'un maléfice, d'un mauvais sort et d'une malédiction ». Elle prescrit seulement de « dire certaines prières » avec elles, ces prières pouvant être faites « aussi par un prêtre qui n'est pas exorciste et même par un diacre ». Le père Amorth trouvait cette règle « absurde » : « Les maléfices sont de loin la cause la plus fréquente des possessions et des maux procurés par le démon : pas moins de 90 %. Comment dire aux exorcistes de ne plus les combattre[2] ! » La seizième règle prescrivait que l'exorcisme ne doit être célébré que si l'exorciste « a l'assurance, fort d'une certitude morale, que la personne à exorciser est réellement assiégée par le démon et, si cela peut se faire, si elle est consentante ». Le père Amorth s'indigna là aussi : « C'est un chef-d'œuvre d'incompétence : la certitude que le démon est présent dans une personne s'obtient seulement par l'exorcisme[3]. » Il le répétera : « C'est ridicule. C'est seulement par

---

1. Lettre du père Jean-Baptiste, un des organisateurs des réunions du Barroux, à l'auteur, le 6 novembre 2023.
2. Entretien accordé par le P. Amorth au mensuel *Trenta Giorni*, juin 2001.
3. *Ibid.*

l'exorcisme que les démons se révèlent. Un exorcisme non nécessaire n'a jamais fait de mal à personne[1]. »

En revanche, le nouveau Rituel introduit l'exsufflation, pratique ancienne, qu'on a vue chez Tertullien et saint Antoine le Grand, mais qui n'était pas présente dans le Rituel de 1614.

Le 1er octobre 1998, le pape Jean-Paul II approuvait le nouveau Rituel de l'exorcisme, *De exorcismus et supplicationibus quibusdam*. Le 22 novembre, il était promulgué par décret de la Congrégation pour le culte divin. Il reprenait, quasiment sans changement, le Rituel *ad interim* de 1990. Les règles 15 et 16, mises en cause par le père Amorth et d'autres exorcistes, n'avaient pas été modifiées. Néanmoins, pour tenir compte des réticences et critiques qui avaient été faites au nouveau Rituel, le cardinal Medina, nouveau préfet de la Congrégation pour le culte divin, dans une Note officielle, autorisa les exorcistes à continuer d'utiliser l'ancien Rituel, avec l'accord de leur évêque, ce qui fut une concession très importante.

Le Rituel actuel décrit précisément les différentes étapes du rite de l'exorcisme[2] :

- les « rites d'ouverture » : le signe de la croix et la salutation, la bénédiction du sel et de l'eau, l'aspersion du possédé avec de l'eau bénite ;
- la récitation de la litanie des saints pour invoquer la miséricorde de Dieu par l'intercession de tous les saints ;
- la lecture d'un ou de plusieurs psaumes pour implorer la protection de Dieu ;
- la lecture d'un passage de l'Évangile ;
- l'imposition des mains sur la tête du possédé, pour invoquer la puissance de l'Esprit Saint ;
- la récitation du *Credo* pour renouveler la profession de foi baptismale ;

---

1. Entretien accordé à l'hebdomadaire anglais *Sunday Telegraph*, le 29 octobre 2000.
2. *Rituel de l'exorcisme et prières de supplication*, Paris, Desclée-Mame, 2006, p. 39-66. Cet ouvrage n'est pas vendu dans le commerce, il est à l'usage exclusif des prêtres ayant reçu de leur évêque un mandat d'exorciste.

- la récitation du *Notre Père*, la prière du Seigneur, qui se termine par un « petit exorcisme » : « Délivrez-nous du Mal(in) » ;
- le signe de la croix et la bénédiction du possédé avec le crucifix ;
- l'exsufflation : le prêtre exorciste souffle en direction du possédé, ce souffle représentant la puissance invisible de l'Esprit Saint ;
- un exorcisme « déprécatif » ;
- un exorcisme « impératif » ;
- une action de grâces envers Dieu pour avoir libéré le (la) possédé(e) ;
- le rite de conclusion et la bénédiction finale.

Les deux formules d'exorcisme ne se répètent pas, parce qu'elles n'ont pas la même fonction. Le premier exorcisme est une longue formule déprécative. Il est constitué de prières de supplication adressées à Dieu pour la libération de la personne possédée par le démon. Il commence par la formule : « Dieu, créateur et protecteur du genre humain. » Le second exorcisme est une formule imprécatoire, ou impérative. Il est composé d'injonctions faites à Satan pour qu'il quitte le corps du possédé. Il commence par la formule : « Je t'adjure, Satan, ennemi du salut des hommes. »

## L'ASSOCIATION INTERNATIONALE DES EXORCISTES

Dans la pratique quotidienne, les exorcistes diocésains utilisent l'ancien ou le nouveau Rituel et il n'est pas établi que l'un serait plus ou moins efficace que l'autre ; d'autant plus que la structure de l'un et de l'autre est très proche, même si, dans le nouveau Rituel, les formules d'exorcisme sont moins nombreuses et plus courtes et que le nombre des signes de croix a été réduit – or, comme le dit le père Jean-Baptiste, exorciste dans une abbaye, « chaque signe de croix est un coup d'épée qui transperce le démon ».

Après la réunion d'une douzaine d'exorcistes en 1990 que nous avons évoquée, le père Amorth a fondé, en septembre 1991, l'Association italienne des exorcistes, puis, en septembre 1994, avec le père René Chenesseau, exorciste du diocèse de Pontoise, l'Association internationale des exorcistes (AIE)[1].

Elle a pour objectifs de promouvoir la formation de base et la formation permanente des exorcistes, de favoriser les rencontres entre exorcistes au niveau national et international pour qu'ils partagent leurs expériences et réfléchissent ensemble sur leur ministère, de favoriser l'insertion du ministère des exorcistes dans la pastorale des diocèses, de promouvoir les études sur l'exorcisme dans ses aspects dogmatiques, bibliques, historiques, pastoraux et spirituels et de promouvoir la collaboration avec les médecins et psychiatres qui sont compétents aussi dans les questions spirituelles.

L'AIE organise aussi un colloque annuel, publie une *Lettre circulaire* plusieurs fois dans l'année et une revue trimestrielle, *Quaderni AIE*. Le père Amorth a présidé l'association jusqu'en 2000. Les statuts de l'AIE ont été approuvés par le Saint-Siège le 13 juin 2014 et elle travaille désormais en collaboration avec le Dicastère pour le culte divin et la discipline des sacrements et le Dicastère pour la doctrine de la foi. En 2019, l'AIE a publié de très utiles et concrètes *Directives pour le ministère de l'exorcisme*, en 23 chapitres et 580 paragraphes, pour aider les exorcistes.

Cette association, qui compte aujourd'hui plus de 900 membres de tous pays, est née d'une initiative du père Amorth, qui ne fut donc pas seulement l'exorciste le plus médiatique de notre époque. Il a continué son ministère quasiment jusqu'à la fin de sa vie. En 2001, il avait déclaré dans un journal anglais avoir pratiqué, en quinze ans, 50 000 exorcismes[2]. En 2010, il donnera le chiffre de 70 000 exorcismes[3]. Les chiffres sont impressionnants, mais

1. « Presentazione dell'Associazione internazionale esorcisti (AIE) » (en ligne sur le site de l'AIE).
2. G. Brandreth, « An Interview with Fr Gabriele Amorth. The Church's Leading Exorcist », entretien accordé à l'hebdomadaire anglais *Sunday Telegraph*, le 29 octobre 2000.
3. Entretien accordé à l'hebdomadaire italien *Sette*, juin 2010.

doivent être relativisés. Le père Amorth en est convenu lui-même : « Mais pas sur 70 000 personnes. Parfois, j'ai dû faire une centaine d'exorcismes sur la même personne. »

Il précisait qu'il n'a pas pratiqué l'exorcisme uniquement sur des possédés. Il a exorcisé nombre de fidèles atteints d'autres troubles démoniaques, ou simplement pour mettre en évidence s'il s'agissait d'une possession, d'un autre trouble ou d'une maladie.

Il est mort le 16 septembre 2016, à l'infirmerie de la maison mère de sa congrégation, à Rome. Dans les dernières années de sa vie, sollicité par des éditeurs qui savaient que les livres consacrés à l'exorcisme se vendent bien, il a continué à publier de nombreux ouvrages où, généralement, il répondait aux questions d'un journaliste. Il y donnait son témoignage sur son expérience d'exorciste, multipliait les exemples les plus spectaculaires, tout en essayant de faire comprendre aussi la nature de son ministère et du combat spirituel. Le titre de la traduction française de ses livres trahissait souvent le titre original italien. Les *Memorie di un esorcista. La mia vita in lotta contro Satana* (« Mémoires d'un exorciste. Ma vie de lutte contre Satan »), livre d'entretiens avec Mario Tossati publié en 2010, ont été traduits en français sous le titre : *Confessions. Mémoires de l'exorciste officiel du Vatican*. Deux ans plus tard, *L'ultima esorcista. La mia battaglia contro Satana* (« Le dernier exorciste. Ma bataille contre Satan »), livre d'entretiens avec Paolo Rodari, sera traduit en français d'abord sous le titre, *Moi, le dernier exorciste* en 2013, puis sous le titre, *Moi, l'exorciste du Vatican* en 2023.

Sa vie a inspiré un film, réalisé par Julius Avery, avec Russell Crowe dans le rôle-titre. Le film, sorti sur les écrans en 2023 et qui a connu un grand succès, s'intitule aussi *L'Exorciste du Vatican*. Bien sûr, le père Amorth ne fut pas « le dernier exorciste », ni « l'exorciste du Vatican », la fonction n'existe pas. Il fut l'un des exorcistes du diocèse de Rome (il y en a six aujourd'hui).

Le dernier livre qu'il a publié, *Dio più bello del diavolo. Testament spirituale* (« Dieu plus beau que le diable. Testament spirituel »), en 2015, diffère des autres. Alors que ses précédents ouvrages décrivaient des possessions démoniaques, des séances d'exorcisme, des phénomènes paranormaux, cette fois, il n'est quasiment pas question de possession et d'exorcisme, mais de Dieu, de la résistance au mal et des moyens du salut : les sacrements, la prière, la loi de Dieu.

Dans les années 1970-1980, en Italie, en France et dans beaucoup de pays, le ministère de l'exorcisme a pu être négligé ; certains diocèses se retrouvant sans exorciste attitré. Ce n'est plus le cas aujourd'hui. Quasiment chaque diocèse de France a désormais un exorciste, nommé par l'évêque. À Paris et pour la région parisienne, un lieu est dédié à ce service : l'Accueil Saint-Michel, installé dans la paroisse Notre-Dame-du-Perpétuel-Secours, dans le 11e arrondissement. Le père Jean-Pascal Duloisy a été nommé exorciste interdiocésain par l'archevêque de Paris et les évêques de la province d'Île-de-France. Il est assisté par une équipe composée de laïcs, de religieux, de religieuses et de prêtres. Ils reçoivent les personnes qui viennent demander l'aide du service diocésain de l'exorcisme, ils les écoutent, peuvent les conseiller et les soutenir, et prier avec elles. Mais seul le père Duloisy a reçu mandat pour pratiquer les exorcismes, qui restent un acte liturgique rarement accompli. De l'avis général des exorcistes, moins de 5 % des personnes qui viennent les consulter sont réellement possédées et ont besoin d'être exorcisées. Dans les autres cas, une prière de libération et une démarche spirituelle de conversion suffiront pour faire opposition au Mal qui se manifeste et s'insinue notamment à travers les pratiques occultes (astrologie, voyance, médiumnité, sorcellerie, spiritisme, etc.) qui sont très répandues dans la société et à tous les âges.

Le pape François évoque souvent l'action du démon dans la vie des hommes et dans celle de l'Église. Le 11 avril 2014, par exemple, lors de la messe qu'il célébrait à la chapelle de la maison Sainte-Marthe, il a consacré au diable sa « méditation matinale » : « Ce n'est pas une croyance d'"arriéré", a-t-il dit. Le diable existe ! Le diable existe aussi au XXIe siècle. Et nous ne devons pas être ingénus. Nous devons apprendre de l'Évangile comment lutter contre lui. »

ANNEXE

# « DÉLIVRE-NOUS DU MAL »

*Allocution prononcée par Paul VI lors de l'audience générale du 15 novembre 1972*[1]*.*

De quoi l'Église a-t-elle le plus besoin aujourd'hui ?

Ne vous étonnez pas de la simplicité ou de l'aspect superstitieux ou même irréel de notre réponse : un des besoins majeurs de l'Église est de se défendre de ce mal que nous appelons le Démon.

Avant de préciser notre pensée, nous vous invitons à vous ouvrir à une vision de la vie humaine éclairée par la foi, vision qui, de ce point de vue, s'élargit à de nouveaux horizons et devient singulièrement pénétrante. Et en vérité, le tableau que l'on est invité à contempler dans toute sa réalité est très beau. C'est l'image de la création, l'œuvre de Dieu dont lui-même admira la substantielle beauté, miroir extérieur de Sa sagesse et de Sa puissance (cf. Gn 1, 10, etc.).

C'est ensuite avec beaucoup d'intérêt que nous regardons le tableau de l'histoire dramatique de l'humanité dont émerge l'histoire de la rédemption, celle du Christ, de notre salut, avec ses trésors prodigieux de révélation, de prophétie, de sainteté, de vie élevée au niveau surnaturel, de promesses éternelles (cf. Ep 1, 10). Si l'on sait regarder ce tableau, on ne peut pas ne pas être charmé

1. Le texte italien originel a été publié dans l'*Osservatore romano* du 16 novembre 1972.

(cf. Augustin, *Soliloques*) : tout a un sens, tout a une fin, tout a un ordre, et tout laisse entrevoir une Présence transcendante, une Pensée, une Vie et, enfin, un Amour, de sorte que l'univers, dans ce qu'il est et n'est pas, s'offre à nous comme une préparation enthousiasmante et enivrante à quelque chose d'encore plus beau et d'encore plus parfait (cf. 1 Co 2, 9 ; 13, 12 ; Rm 8, 19-23). La vision chrétienne du cosmos et de la vie est donc triomphalement optimiste, et cette vision justifie notre joie et notre gratitude pour la vie, de sorte qu'en fêtant la gloire de Dieu nous chantons notre bonheur (cf. le *Gloria* de la messe).

## L'ENSEIGNEMENT BIBLIQUE

Mais cette vision est-elle complète ? Exacte ? Nous soucions-nous des manquements du monde ? Des dysfonctionnements des choses vis-à-vis de notre existence ? De la douleur, de la mort ? De la méchanceté, de la cruauté, du péché – en un mot, du mal ? Et ne voyons-nous pas tout le mal qui existe dans le monde ? En particulier tout le mal moral, c'est-à-dire celui qui va à la fois contre l'homme et contre Dieu, bien que de façon différente ? N'est-ce pas là un triste spectacle, un mystère insondable ? Et n'est-ce pas justement nous, les disciples du Verbe et les adorateurs du Bien, nous, les croyants, qui sommes les plus sensibles, les plus troublés par la vision et l'expérience du mal ? Nous rencontrons le mal dans le règne naturel où tant de ses manifestations nous semblent dénoncer un désordre. Nous le trouvons ensuite au milieu des hommes où nous rencontrons la faiblesse, la fragilité, la douleur, la mort, et pire encore : la tension entre deux lois, l'une qui voudrait le bien et l'autre qui se tourne au contraire vers le mal, tourment que saint Paul souligne humblement afin de démontrer la nécessité et la chance d'une grâce salvatrice, de la guérison apportée par le Christ (cf. Rm 7). Ovide, poète païen, avait déjà dénoncé ce conflit interne au cœur même de l'homme : « *Video meliora proboque deteriora sequor*[1] » (Ovide, *Métamorphoses* 7, 19). Nous nous trouvons face au péché, perversion de la liberté humaine et cause profonde de la mort parce que détachement de Dieu qui est source de la vie (Rm 5, 12), péché qui est ensuite à son tour occasion et effet de l'intervention en nous et dans notre monde d'un agent obscur et ennemi, le Démon. Le mal n'est plus seulement une déficience, mais une efficience, un être vivant, spirituel, qui est perverti et pervertit. Terrible réalité. Mystérieuse et redoutable.

S'écarte de l'enseignement de la Bible et de l'Église celui qui refuse de reconnaître son existence, ou bien qui en fait un principe autonome qui, contrairement à d'autres créatures, ne trouve pas son origine en Dieu, ou bien qui l'explique comme une pseudo-réalité, une personnification conceptuelle et fantasque des causes inconnues de nos maux. Le problème du mal, pris dans sa complexité et dans son absurdité vis-à-vis de la raison seule, devient une obsession. C'est en cela que réside la difficulté la plus grande pour comprendre le cosmos de façon religieuse. Saint Augustin n'en a pas souffert pour rien pendant des années : « *Quaerebam unde malum, et non erat exitus* », « Je cherchais d'où venait le mal mais il n'y avait pas d'explication » (Augustin, *Confessions* VII, 5, 7, 11, etc. ; *Patrologiae latinae supplementum* 32, 736, 739).

D'où l'importance d'être mis en garde contre le mal si l'on veut avoir une conception chrétienne correcte du monde, de la vie, du salut. Qui ne se souvient du passage si lourd de sens de la triple tentation du Christ, au début de sa vie publique avant que ne commence l'histoire évangélique ? Et ensuite de si nombreux passages de l'Évangile dans lesquels le démon croise les pas du Seigneur et apparaît dans ses enseignements (par exemple Mt 12, 43) ? Et comment ne pas se rappeler que le Christ, faisant trois fois référence au démon comme à son adversaire, l'appelle le « prince de ce monde » (Jn 12, 31 ; 14, 30 ; 16, 11) ? La menace de cette présence néfaste est signalée dans de nombreux passages du Nouveau Testament. Saint Paul l'appelle le « dieu mauvais de ce

1. « Je vois le bien et je l'approuve, mais je fais le mal. »

monde[1] » (2 Co 4, 4) et nous avertit que nous, chrétiens, avons à lutter contre les ténèbres en ayant face à nous non pas un seul démon mais une redoutable pluralité de démons : « Revêtez l'équipement de combat donné par Dieu, afin de pouvoir tenir contre les manœuvres du diable. Car nous ne luttons pas contre des êtres de sang et de chair, mais contre les Dominateurs de ce monde de ténèbres, les Principautés, les Souverainetés, les esprits du mal qui sont dans les régions célestes » (Ep 6, 11-12).

Et il n'y a pas un mais de nombreux démons, comme l'indiquent plusieurs passages de l'Évangile (Lc 11, 21[2] ; Mc 5, 9). L'un d'eux est cependant plus important : Satan, dont le nom signifie « l'adversaire », « l'ennemi ». Et il y a beaucoup d'autres démons avec lui, tous des créatures de Dieu, mais déchues parce que rebelles et damnées (cf. Denziger-Schönmetzer[3], 800-428). Elles constituent toutes un monde mystérieux, bouleversé par un drame extrêmement malheureux, dont nous connaissons bien peu de choses.

## L'ENNEMI OCCULTE QUI RÉPAND DES ERREURS

Nous connaissons toutefois beaucoup de choses de ce monde diabolique. Elles concernent notre vie et toute l'histoire humaine. Le Démon est à l'origine du premier malheur de l'humanité : il fut le subtil et fatal tentateur du premier péché, le péché originel (Gn 3 ; Sg 1, 24[4]). Le Démon acquit à partir de la chute d'Adam un certain empire sur l'homme dont nous ne pouvons être libérés que par la Rédemption du Christ. C'est une histoire qui se poursuit

---

1. Toutes les citations de la Bible sont ici données dans la Traduction officielle liturgique (Paris, Mame, 2013).
2. Le passage auquel le pape fait référence se trouve au verset 20 et non au verset 21.
3. Heinrich Denzinger et Adolf Schönmetzer sont éditeurs d'une compilation de textes tirés des documents ecclésiastiques : symboles de foi, décisions conciliaires, etc. La première édition (par Denzinger) date de 1854. Schönmetzer a présenté une édition remaniée en 1963 (32e édition). Celle-ci a été publiée en français, en 1996, par les Éditions du Cerf, sous le titre *Symboles et définitions de la foi catholique*.
4. Le pape fait probablement référence à Sg 2, 24 : « C'est par la jalousie du diable que la mort est entrée dans le monde ; ils en font l'expérience, ceux qui prennent parti pour lui. »

encore : on se souvient des exorcismes du baptême et des références fréquentes de l'Écriture sainte et de la liturgie au « pouvoir des ténèbres » (cf. Lc 22, 53 ; Col 1, 13) agressif et oppressant. Le Démon est l'ennemi numéro un, il est le tentateur par excellence. Nous savons ainsi que cet être obscur et inquiétant existe vraiment et qu'il agit encore avec une ruse traîtresse. Il est l'ennemi caché qui sème erreurs et malheurs dans l'histoire humaine. Qu'on se souvienne de la parabole évangélique si parlante du bon grain et de l'ivraie, synthèse et explication de l'absence de logique qui semble présider à nos expériences contradictoires : « *Inimicus homo hoc fecit*[1] » (Mt 13, 28). Le Démon est, comme le définit le Christ, celui qui « depuis le commencement [...] a été un meurtrier... et père du mensonge » (cf. Jn 8, 44-45). Il est celui qui menace insidieusement l'équilibre moral de l'homme. Il est ce séducteur perfide et malin qui sait s'insinuer en nous par le biais des sens, de l'imagination, de la concupiscence, d'une logique utopique et de rapports sociaux désordonnés à cause de nos manières d'agir, afin d'introduire dans nos actes des déviations, aussi nocives qu'apparemment conformes à nos structures physiques ou psychiques, ou à nos aspirations instinctives et profondes.

Un chapitre très intéressant de la doctrine catholique, aujourd'hui peu étudié, serait à travailler à nouveau : celui sur le Démon et sur l'influence qu'il peut exercer sur les personnes singulières comme sur les communautés, sur des sociétés entières ou sur des événements. Certains pensent trouver une compensation suffisante dans les études psychanalytiques et psychiatriques, ou dans les expériences occultes malheureusement si répandues aujourd'hui dans certains pays. On craint de retomber dans d'anciennes théories manichéennes ou dans de funestes divagations fantastiques ou superstitieuses. On préfère aujourd'hui se montrer fort et sans préjugés, se rattacher aux positivistes, pour ensuite prêter foi à tant de lubies magiques ou populaires, ou pire encore, ouvrir son âme (son âme baptisée visitée tant de fois par la présence eucharistique et

1. « C'est un ennemi qui a fait cela. »

habitée par l'Esprit Saint !) aux expériences licencieuses des sens, à celles, délétères, des stupéfiants, tout comme à celles des séductions idéologiques des erreurs à la mode. Ce sont là des fissures à travers lesquelles le Malin peut facilement pénétrer et altérer l'esprit de l'homme. Il n'est pas dit que chaque péché soit directement dû aux actions diaboliques (cf. Thomas d'Aquin, *Somme théologique*, Ia, 114, 3), mais il n'en est pas moins vrai que celui qui ne veille pas avec une certaine rigueur morale sur lui-même (cf. Mt 12, 45 ; Ep 6, 11) s'expose à l'influence du *mysterium iniquitatis*[1], auquel saint Paul fait référence (2 Th 2, 3-12) et qui compromet la possibilité de notre Salut.

Notre doctrine devient incertaine, obscurcie comme elle l'est de ces mêmes ténèbres qui entourent le Démon. Mais deux questions rendent légitime notre curiosité attisée par la certitude de l'existence multiple du Démon. Y a-t-il des signes de la présence de l'action diabolique, et si oui, lesquels ? Et quels sont les moyens de défense contre un danger si insidieux ?

## PRÉSENCE DE L'ACTION DU MALIN

La réponse à la première question impose une grande prudence, même si les signes du Malin semblent quelquefois se faire si évidents (cf. Tertullien, *Apologétique* 23). Nous pourrions subodorer sa sinistre intervention là où la négation de Dieu se fait radicale, subtile et absurde, où le mensonge s'affirme, hypocrite et puissant, contre la vérité évidente, où l'amour est étouffé par un égoïsme froid et cruel, où le nom du Christ est brandi avec une haine consciente et rebelle (cf. 1 Co 16, 22 ; 12, 3), où l'esprit de l'Évangile est dénaturé et démenti, où le désespoir a le dernier mot, etc. Mais il s'agit là d'un diagnostic trop large et difficile, que nous n'osons pas approfondir et valider pour le moment. Il n'est cependant pas sans avoir pour tous un intérêt crucial. La littérature

1. Mystère d'iniquité.

moderne lui a dédié des pages célèbres (cf. par ex. les œuvres de Bernanos, étudiées par Charles Moeller, *Littérature du XXe siècle et christianisme*, I, p. 397 et s. ; Pasquale Macchi, *Il volto del male in Bernanos* ; et aussi *Satan*, Études carmélitaines, Desclée de Brouwer, 1948). Le problème du mal demeure un des plus importants et récurrents pour l'esprit de l'homme, même après la réponse victorieuse que lui donne Jésus Christ. « Nous savons, écrit saint Jean l'Évangéliste, que nous sommes de Dieu, alors que le monde entier est au pouvoir du Mauvais » (1 Jn 5, 19).

## LA DÉFENSE DU CHRISTIANISME

Même si elle demeure difficile à mettre en pratique, il est plus facile de formuler une réponse à l'autre question : quel moyen de défense, quel remède opposer à l'action du Démon ? Nous pourrions dire : tout ce qui nous défend du péché nous protège par ce fait même contre l'ennemi invisible. La grâce est le moyen de défense déterminant. L'innocence revêt une dimension de force. Et chacun se rappelle ensuite combien la pédagogie apostolique a utilisé le symbole de l'armure du soldat pour représenter les vertus qui peuvent rendre le chrétien invulnérable (cf. Rm 13, 1-2[1]; Ep 6, 11.14.17 ; 1 Th 5, 8). Le chrétien doit être militant. Il doit être vigilant et fort (1 P 5, 8). Et il doit parfois avoir recours à des exercices ascétiques spéciaux pour éloigner certaines intrusions diaboliques. Jésus l'enseigne en donnant comme remède « la prière et le jeûne » (Mc 9, 29)[2]. Et l'Apôtre suggère la ligne maîtresse à tenir : « Ne te laisse pas vaincre par le mal, mais sois vainqueur du mal par le bien » (Rm 12, 21 ; Mt 13, 29).

---

1. Le pape semble ici parler de Rm 13, 12.
2. Le pape semble se référer à Matthieu 17, 21 : « Mais cette sorte de démon ne sort que par la prière et par le jeûne. » Le verset indiqué dans le texte, qui n'existe ni dans la traduction grecque ni dans la Vulgate, est présent dans certaines traductions en français comme celle de Louis Segond, et a ensuite été retiré.

En ayant donc conscience de l'adversité dans laquelle se trouvent aujourd'hui les âmes, l'Église et le monde, nous chercherons à donner sens et efficacité à notre prière la plus importante : « Notre Père… délivre-nous du mal ! »

Que notre Bénédiction apostolique vous y aide aussi.

*Traduction et notes d'Ellen Davydov.*

# SOURCES ET BIBLIOGRAPHIE

## RITUELS

DONDELINGER-MANDY, Patrick, « Le rituel des exorcismes dans le *Rituale romanum* de 1614 », *La Maison Dieu*, n° 183-184, 1990, p. 99-121.

*L'Exorcisme des possédés par le démon. Rituel romain édition typique de 1952*, Strasbourg, Trifiolium, 2020.

*Livre des bénédictions. Rituel romain*, Chalet-Tardy, 1988.

*Rituale romanum de exorcismus et supplicantibus quibusdam*, dans *Notitiae*, n° 382-393, mars-avril 1999.

*Rituel de l'exorcisme et prières de supplication*, Paris, Desclée-Mame, 2006.

## OUVRAGES GÉNÉRAUX SUR L'EXORCISME

AMET, Henri, *Faut-il avoir peur du diable ? Témoignage d'un exorciste*, Bruyères-le-Châtel, Nouvelle Cité, 2009.

AUZENET, Dominique, *Magnétiseurs, guérisseurs, médiums. Le nouveau royaume de l'occulte*, Paris, Mame, 2023.

BAMONTE, Francesco, *Les Anges rebelles. Le mystère du mal à travers l'expérience d'un exorciste*, Saint-Benoît-du-Sault, Éditions bénédictines, 2011.

BELLOT, Maurice et VELASCO, Alberto, *Le Diable, l'Exorciste et le Psychanalyste. Conversations sur le mal et la possession*, Lausanne, Favre, 2016.

BOGETTI, Maurizio, *L'Esorcista, gli ossessi e l'esorcismo nel canone 1772 del Codice di diritto Canonico. Fonti e legislazione vigente*, Turin, USEDEI, 2011.

CIPRIANO DE MEO, *Mon expérience d'exorciste*, Hauteville, Éditions du Parvis, 2012.

FONTELLE, Marc-Antoine, *Comprendre et accueillir l'exorcisme*, Paris, Pierre Téqui, 1999.

FROC, Isidore, *Exorcistes*, Paris, Droguet et Ardant, 1992.

GOLFIER, Jean-Baptiste, *Tactiques du diable et délivrances*, Paris, Artège-Lethielleux, 2018.

JEANGUENIN, Gilles, *Le diable existe ! Un exorciste témoigne et répond aux interrogations*, Paris, Salvator, 2009.

LEGRIP-RANDRIAMBELO, Olivia, *Le Combat contre le diable. L'exorcisme dans les textes du XVI^e siècle à aujourd'hui*, Paris, Éd. du Cerf, 2021.

MARCHESE RAGONA, Fabio, *Esorcisti contro Satana*, Milan, Piemme, 2023.

MUIZON, François DE, *Les derniers exorcistes de l'épiscopat révèlent !*, Paris, Filipacchi, 1996.

TOURNYOL DU CLOS, Philippe, *Le Combat avancé de l'Église*, Éd. de l'Archistratège, 2004.

—, *Litanies et invocations de saints exorcistes*, Éd. de l'Archistratège, 2022.

YOUNG, Francis, *A History of Exorcism in Catholic Christianity*, Londres, Palgrave Macmillan, 2016.

## BIBLIOGRAPHIE PAR CHAPITRE

### Chapitre premier. Jésus exorciste

*Sources*

EUSÈBE DE CÉSARÉE, *Histoire ecclésiastique*, Paris, Éd. du Cerf, coll. « Sources chrétiennes », 1955.
HIPPOLYTE DE ROME, *La Tradition apostolique*, Paris, Éd. du Cerf, coll. « Sources chrétiennes », 1984 (2e éd. revue).
JUSTIN DE ROME, *Apologies*, Paris, Alphonse Picard, 1904.
*La Bible de Jérusalem*, édition revue, corrigée, augmentée, Paris, Desclée de Brouwer, 2000.
LACTANCE, *Épitomé des institutions divines*, Paris, Éd. du Cerf, coll. « Sources chrétiennes », 1987.

*Études*

BONINO, Serge-Thomas, *Les Anges et les Démons*, Paris, Parole et silence, 2007.
NICOLOTTI, Andrea, *Esorcismo cristiano e possessione diabolica tra II e III secolo*, Turnhout, Brepols, 2011.
TWELFTREE, Graham H., *Jesus the Exorcist. A Contribution to the Study of the Historical Jesus*, Tübingen, J. C. B. Mohr, 1993.

### Chapitre 2. Saint Antoine le Grand et saint Hilarion de Gaza

*Sources*

AMBROISE DE MILAN, *Traité sur l'évangile de saint Luc*, Paris, Éd. du Cerf, coll. « Sources chrétiennes », 1958.
ATHANASE D'ALEXANDRIE, *Vie d'Antoine*, Paris, Éd. du Cerf, coll. « Sources chrétiennes », 1994.
JÉRÔME, *Trois vies de moines (Paul, Malchus, Hilarion)*, trad. de Pierre Leclerc, Paris, Éd. du Cerf, coll. « Sources chrétiennes », 2007.

*Les Constitutions apostoliques*, Paris, Éd. du Cerf, coll. « Sources chrétiennes », 1987.

*Études*

Basquin-Matthey, Carine, « Les exorcismes dans la *Vie d'Hilarion* : entre intertextualité et originalité », *Revue des sciences religieuses*, 89, 2015, n° 2, p. 165-184.

Baynes, Norman H., « St. Antony and the Demons », *The Journal of Egyptian Archaeology*, vol. 40, décembre 1954, p. 7-10.

Daniélou, Jean, « Les démons de l'air dans la *Vie d'Antoine* », dans *Antonius Magnus Eremita. 356-1956. Studia ad Antiquum monachismum spectantia*, éd. Basile Steidle, Rome, Herder, 1956, p. 136-147.

Guillaumont, Antoine, « La conception du désert chez les moines d'Égypte », dans *Les Mystiques du désert dans l'islam, le judaïsme et le christianisme*, Gordes (abbaye de Sénanque), Association des amis de Sénanque, 1975, p. 25-38.

## Chapitre 3. Saint Martin de Tours et les exorcistes des IVe, Ve et VIe siècles

*Sources*

Cabié, Robert, *La Lettre du pape Innocent Ier à Décentius de Gubbio (19 mars 416)*, texte critique, traduction et commentaire, Louvain, Presses de l'université de Louvain, 1973.

Grégoire de Tours, *La Vie des Pères*, éd. latine et trad. par Luce Pietri, Paris, Les Belles Lettres, 2016.

—, *Les Miracles de saint Martin*, Paris, Éd. du Cerf, coll. « Sources chrétiennes », 2023.

—, *Vie des Pères*, trad. par Henri-Léonard Bordier, Introduction et notes par Pierre Pasquier, Paris, OEIL-YMCA Press, 1985.

Grégoire le Grand, *Dialogues*, Paris, Éd. du Cerf, coll. « Sources chrétiennes », 3 vol., 1978-1980.

*Les Miracles de saint Benoît*, trad. par Anselme Davril o.s.b., Annie Dufour et Gillette Labory, Paris, CNRS éditions, 2019.
MUNIER, Charles, *Les Statuta Ecclesiae Antiqua*, édition et études critiques, Paris, Presses universitaires de France, 1960.
SULPICE SÉVÈRE, *Gallus. Dialogues sur les « vertus » de saint Martin*, Introduction, édition critique, trad. et notes par Jacques Fontaine, Paris, Éd. du Cerf, coll. « Sources chrétiennes », 2006.
—, *Vie de saint Martin*, Introduction, texte et trad. par Jacques Fontaine, Paris, Éd. du Cerf, coll. « Sources chrétiennes », 3 vol., 1967.

*Études*

GUÉRANGER, Prosper, *Essai sur l'origine, la signification et les privilèges de la médaille ou croix de saint Benoît*, Poitiers, Oudin, 1862 ; dernière éd. : Strasbourg, Trifolium, 2012.
GUILLOT, Olivier, *Saint Martin de Tours*, Paris, Fayard, 2008.
ROUSSELLE, Aline, *Croire et guérir. La foi en Gaule dans l'Antiquité tardive*, Paris, Fayard, 1991.

## Chapitre 4. Saint Bernard de Clairvaux et sainte Hildegarde de Bingen

*Sources*

GEOFFROY D'AUXERRE, GUILLAUME DE SAINT-THIERRY, ARNAUD DE BONNEVAL, *Vie de saint Bernard, abbé de Clairvaux (Vita Prima)*, Paris, Éd. du Cerf, coll. « Sources chrétiennes », 2 vol., 2022.
HILDEGARDE DE BINGEN, *Lettres*, textes traduits du latin et annotés par Rebecca Lenoir, Grenoble, Jérôme Millon, 2007.
*Vita Sanctae Hildegardis*, éd. M. Klaes, Turnhout, Brepols, 1993.

*Études*

BOGLIONI, Pierre, PICARD, André, « Miracle et thaumaturgie dans la vie de saint Bernard de Clairvaux », dans *Vies et légendes de saint Bernard de Clairvaux. Création, diffusion, réception (XII^e^-XX^e^ s.), Commentarii Cistercienses*, t. V, Cîteaux, 1993, p. 36-59.

CHAVE-MAHIR, Florence, « Trois exorcismes eucharistiques de saint Bernard de Clairvaux », dans *Pratiques de l'eucharistie dans les Églises d'Orient et d'Occident (Antiquité-Moyen Âge)*, t. II, Paris, Institut d'études augustiniennes, 2009, p. 987-1000.

—, *L'Exorcisme des possédés dans l'Église d'Occident (X^e^-XIV^e^ siècle)*, Turnhout, Brepols, 2011.

DIMIER, Anselme, « Le miracle des mouches de Foigny », *Cîteaux*, t. VIII, 1957, p. 57-62.

MOULINIER, Laurence, « Hildegarde exorciste : la *Vie de Hildegarde* en français et sa principale source inédite », *Hagiographia*, n° V, 1998, p. 91-118.

## Chapitre 5. Henri Institoris

*Sources*

EYMERICH, Nicolau, PEÑA, Francisco, *Le Manuel des inquisiteurs*, Introduction, trad. et notes de Louis Sala-Molins, Paris, Albin Michel, 2001 (1^re^ éd. 1973).

INSTITORIS, Henri, SPRENGER, Jacques, *Le Marteau des sorcières*, Introduction, trad. et notes d'Amand Danet, Paris, Plon, 1973.

JEAN DE SALISBURY, *Le Policratique*, traduction de Denis Foulechat (1372), édition critique avec Introduction, notes et glossaire par Charles Brucker, Genève, Droz, 1994.

OSTORERO, Martine, PARAVICINI BAGLIANI, Agostino, UTZ TREMP, Kathrin, *L'Imaginaire du sabbat. Édition critique des textes les plus anciens (1430 c.-1440 c.)*, Lausanne, Université de Lausanne, coll. « Cahiers lausannois d'histoire médiévale », 1999.

RYDER, Johannes, *Formicarius*, Graz, Akademische Druck u. Verlagsanstalt, 1971.

*Études*

Boureau, Alain, *Le Pape et les Sorciers. Une consultation de Jean XXII sur la magie en 1320*, Rome, École française de Rome, 2004.

—, *Satan hérétique. Naissance de la démonologie de l'Occident médiéval*, Paris, Odile Jacob, 2004.

Modestin, Georg, « Les débuts de Heinrich Institoris dans l'espace rhénan. Un inquisiteur par-delà les frontières ? », dans Antoine Follain et Maryse Simon (dir.), *Sorcellerie savante et mentalités populaires*, Strasbourg, Presses universitaires de Strasbourg, 2013, p. 21-43.

Ostero, Martine, *Le Diable au sabbat. Littérature démonologique et sorcellerie (1440-1460)*, Florence, Sismel-Edizioni del Galluzzo, 2011.

Poly, Jean-Pierre, « *Serpentes*, sabre et sorts. Les origines du canon *Episcopi* et le sabbat des sorcières », dans *Plenitudo Juris. Mélanges en hommage à Michèle Bégou-Davia*, Paris, Mare et Martin, 2015, p. 455-474.

Rob-Santer, Carmen, « Le *Malleus Maleficarum* à la lumière de l'historiographie : un *Kulturkampf* ? », *Médiévales*, n° 44, printemps 2003, p. 155-172.

Wuidar, Laurence, « Les images et le diable. Pouvoir de séduction et destruction des images dans la pratique d'exorcisme à la Renaissance », *Bruniana & Campanelliana*, XXIII, 2017, n° 1, p. 73-88.

## Chapitre 6. Girolamo Menghi

*Sources*

Menghi, Girolamo, *Compendio dell'arte essorcistica et possibilità delle mirabili et stupende operationi delli demoni et de'malefici* ; con li *rimedij opportuni alle infermità maleficiali*, Bologne, Giovanni Rossi, 1590 (1re éd. 1576).

—, *Flagellum daemonum*, Bologne, Giovanni Rossi, 1580 (1re éd. 1577).

—, *Fustis daemonum*, Bologne, Giovanni Rossi, 1584.
—, *Eversio daemonum*, Bologne, Giovanni Rossi, 1584.
—, *Fuga daemonum*, Bologne, Giovanni Rossi, 1596.
—, *Parte seconda del Compendio dell'arte essorcistica*, Venise, Zorzi Varisco, 1601.
—, *Tesore celeste della Gloriosa Madre di Dio Vergine*, Bologne, 1607.
Wier, Johann, *Cinq livres de l'imposture et tromperie des diables, des enchantements et sorcelleries*, Grenoble, Jérôme Millon, 2021 (1re éd. 1563).

*Études*

Balzano, Davide, « Girolamo Menghi : esorcista viadanese del Cinquecento », *Bolletino della Società storica viadenese*, vol. IV, 2009, p. 105.
Dall'Olio, Guido, « Alle origini della nuova esorcistica. I maestri bolognesi di Girolamo Menghi », dans Giovanna Paolin (dir.), *Inquisizioni : percorsi di ricerca*, Trieste, Edizioni Università di Triesto, 2001, p. 81-129.
—, « Menghi, Girolamo », *Dizionario biografico degli Italiani*, vol. 73, 2009.
Édouard d'Alençon (père), « Menghi, Jérôme », *Dictionnaire de théologie catholique*, t. X, col. 551.
Romeo, Giovanni, *Inquisitori, esorcisti e streghe nell'Italia della Contrariforma*, Florence, Sansoni, 1990.
Schmitt, Clément, « Menghi (Jérôme) », *Dictionnaire de spiritualité*, t. X, col. 1019-1020.
Volpato, Giancarlo, « Girolamo Menghi o dell'arte esorcistica », *Lares*, LVII, n° 3, juillet-septembre 1991, p. 381-397.

**Chapitre 7. Matteo d'Agnone**

*Sources*

Matteo d'Agnone, *Fasciculus myrrhae*, 3 vol., 1996.

Mascon, Marcellino da, Olgiati da Como, Antonio, « Vita del P. F. Matteo d'Agnone predicatore », dans *Annali de Frati miniori cappuccini*, t. III, vol. 1, Trente, 1708, p. 208-334.

*Études*

Cargnoni, Costanzo (dir.), *I Frati cappuccini. Documenti e testimonianze del primo secolo*, t. III, vol. 1, Pérouse, Frate Indovino, 1988, p. 1986-2008.

Cipriano de Meo, *Un santo senza altare. Il servo di Dio Padre Matteo da Agnone, dalla provincia dei Cappuccini di Foggia 1563-1616*, Foggia, Frate Mago, 1982 (traduit en français sous le titre *Un saint sans autel. Le serviteur de Dieu père Matteo da Agnone*, Foggia, Frate Mago, 1982).

Mattatelli, Antonio, *Un santo contro il demonio. Il carisma di liberazione di padre Matteo d'Agnone*, Feletto Umberto, Edizioni Segno, 2015.

—, *Il servo di Dio. Padre Matteo da Agnone cappuccino (1563-1616) nell'iter del processo di beatificazione e canonizzazione*, Foggia, Curia provinciale dei Cappuccini, 2003.

Mouchel, Christian, *Rome franciscaine. Essai sur l'histoire de l'éloquence dans l'ordre des Frères mineurs au XVI^e siècle*, Paris, Honoré Champion, 2001.

**Chapitre 8. Jean-Joseph Surin**

*Sources*

Jeanne des Anges, *Autobiographie*, Grenoble, Jérôme Millon, 1985 (1^re éd. 1886).

Legué, Gabriel, *Documents pour servir à l'histoire médicale des possédées de Loudun*, Paris, Adrien Delahaye, 1874.

*Lettre escrite à Monseigneur l'évesque de Poictiers par un des Pères jésuites qui exercent à Loudun*, Paris, 1635.

*Représentation sommaire des signes miraculeux qui ont été faicts à la gloire de Dieu et de son Église, en la sortie de sept démons qui possédaient le corps de la Mère Prieure des Religieuses ursulines de Loudun*, Paris, 1637.

SURIN, Jean-Joseph, *Correspondance*, Paris, Desclée de Brouwer, 1966, p. 1732-1733.

—, *Triomphe de l'amour divin sur les puissances de l'enfer* et *Science expérimentale des choses de l'autre vie*, Grenoble, Jérôme Millon, 1990 (1re éd. en 1829).

*Études*

CARMONA, Michel, *Les Diables de Loudun. Sorcellerie et politique sous Richelieu*, Paris, Fayard, 1988.

CAVALLERA, Ferdinand, « Notes et documents. L'autobiographie du père Surin », *Revue d'ascétique et de mystique*, avril 1925, p. 143-159, et octobre 1925, p. 389-411.

CERTEAU, Michel DE, *La Possession de Loudun*, Paris, Gallimard-Julliard, coll. « Archives », 1980.

CLÉMENT, Michèle, « Le langage du diable chez les possédées (1599-1660) », *Littératures classiques*, n° 50, 2004, p. 289-299.

GIMARET, Antoinette, « *L'Autobiographie* de Jeanne des Anges (1644) : histoire d'une âme ou réécriture d'une affaire de possession ? », *Études Épistémè*, n° 19, 2011, p. 22-49.

GRIGUER, Thérèse, « Historiographie et médecine. À propos de Jeanne des Anges et de la possession de Loudun », *Annales de Bretagne et des pays de l'Ouest*, t. 99, 1992, n° 2, p. 155-163.

HOUDARD, Sophie, « De l'exorcisme à la communication spirituelle : le sujet et ses démons », *Littératures classiques*, n° 25, 1995, p. 187-199.

PELLEGRIN, Nicole, « Jeanne de Belcier », SIEFAR, 2014, en ligne.

**Chapitre 9. Johann-Josef Gassner**

*Sources*

*Acta historico-ecclesiastica nostri temporis*, 1776, p. 315-348 et 1781, p. 828-831.

« Gassner (Jean-Joseph) », dans *Biographie universelle, ancienne et moderne*, t. XVI, Paris, Louis-Gabriel Michaud, 1816, p. 538-541.
« Notice sur le prêtre Gassner, et les faits merveilleux qu'on lui attribue », dans *Choix des lettres édifiantes*, Paris, Chez Maradan, 1808, p. 303-304.
*Verzeichniß der merkwürdigsten Operationen, welche im Jahre 1775 zu Sulzbach,* Francfort, 1779.

*Études*

Burkhard, Peter, « Gassner's Exorcism – not Mesmer's Magnetism – is the Real Predecessor of Modern Hypnosis », *International Journal of Clinical and Experimental Hypnosis*, vol. 53, n° 1, 2005, p. 1-12.
Clédière, Jean, « Schubart polémiste : l'affaire Gassner », dans *Culture et humanité. Hommage à Élisabeth Genton*, Nancy, Presses universitaires de Nancy, 2008, p. 57-83.
Darnton, Robert, *La Fin des Lumières. Le mesmérisme et la Révolution*, Paris, Perrin, 1985, p. 54.
Dufour, Christophe, « Pourquoi Johann Gassner ne doit pas être oublié par les hypnos », mis en ligne le 30 juillet 2022 sur le site Le Somnambuliste.
Ellenberger, Henri Frédéric, *Histoire de la découverte de l'inconscient*, Paris, Fayard, 1994 (édition originale en anglais en 1970), p. 87-101.
« Gassner (Jean-Joseph) », *Dictionnaire encyclopédique de théologie catholique*, t. IX, 1864, p. 292-293.
Greiner, Philippe, « Mozart et l'archevêque de Salzbourg : les voies d'une incompréhension », *Transversalités*, n° 107, 2008, p. 125-140.
Midelfort, Hans Christian Erik, *Exorcism and Enlightenment. Johann Joseph Gassner and the Demons of Eighteenth-Century Germany*, New Haven-Londres, Yale University Press, 2005.

Pfeilschifter, Georg, « Des Exorzisten Gassner Tätigkeit in der Konstanzer Diözese im Jahre 1774 », *Historisches Jahrbuch im Auftrage der GörresGesellschaft*, n° 52, 1932, p. 401-441.
Tschaikner, Manfred, « Der Exorzist Johann Josef Gassner und die Gerichts- verfahren gegen die vermeintlich letzten Hexen Anna Maria Schwägelin in Kempten (1775) sowie Anna Göldin in Glarus (1782) », *Montfort. Zeitschrift für Geschichte Vorarlbergs*, t. 74, n° 1, 2022, p. 29-40.

## Chapitre 10. Gabriele Amorth

### *Ouvrages du père Amorth*

*Consecrazione a Maria*, Rome, Paoline, 1959.
*Un esorcista raconta*, Rome, Dehoniane, 1990 ; traduit en français sous le titre : *Un exorciste raconte*, Paris, F.-X. de Guibert, 1992, préface de René Laurentin.
*Esorcisti e psichiatri*, Rome, Bologne, Dehoniane, 1996 ; traduit en français sous le titre : *Exorcisme et psychiatrie*, Paris, F.-X. de Guibert, 2002.
*Più forte del male. Il Demonio riconoscerlo, vincerlo, evitarlo*, entretiens avec Roberto Italo Zanini, Cinisello Balsamo, San Paolo Edizioni, 2010.
*Memorie di un esorcista. La mia vita in lotta contro Satana*, entretiens avec Mario Tossati, Milan, Piemme, 2010 ; traduit en français sous le titre : *Confessions. Mémoires de l'exorciste officiel du Vatican*, Paris, Michel Lafon, 2010.
*L'ultima esorcista. La mia battaglia contro Satana*, entretiens avec Paolo Rodari, Milan, Piemme, 2012 ; traduit en français sous le titre : *Moi, l'exorciste du Vatican*, Paris, Presses du Châtelet, 2023.
*Vade Retro Satana !*, Cinisello Balsamo, Edizioni San Paolo, 2013 ; traduit en français sous le titre : *Vade retro Satana !*, Saint-Benoît-du-Sault, Éditions bénédictines, 2014.
*Dio più bello del diavolo. Testamento spirituale*, entretiens avec Angelo De Simone, Cinisello Balsamo, San Paolo Edizioni, 2015.

# TABLE DES MATIÈRES

Achevé d'imprimer en février 2024 par l'imprimerie SEPEC
Z.A. des Bruyères 01960 Péronnas
Numéro d'édition : 24L0328
Dépôt légal : mars 2024